可愛い料理

松居直美

朝日出版社

CONTENTS

はじめに 6

Chapter 1 | 元気がでるクイック朝ご飯

りんごの朝ご飯　10

バナナとブルーベリーのジュース　12

キャベツとベーコンのトースト　14

ハチミツトースト　15

フレンチトースト　16

ソーセージパイ　18

オートミールのおかゆ　20

まな板のいらないお味噌汁　21

そば粉のスープ　22

私のこだわり ① 調味料　24

Chapter 2 | 定番メニューをわが家流アレンジ

手作り水餃子　26
キャラメルカレー　28
ヨーグルトチキンカレー　30
豚バラ肉のハーブ炒め　32
コラーゲンたっぷりスープ　34
あさりと小松菜のグリーンパスタ　36
アジの開き香草焼き　38
生麩のバターしょうゆ炒め　40
牛肉の味噌漬け　42
ゴーヤと湯葉の炒めもの　44

Chapter 3 | ワンプレートでも満腹満足なご飯もの

豚のしょうが焼き丼　46
バター納豆ご飯　48
ごぼうチャーハン　50
ネギトロご飯　52
鰻ご飯　54
ステーキ弁当　56
とうもろこしの炊き込みご飯　58

Chapter 4 | 体がすっきりリセットメニュー

豆乳スープ 60
レンズ豆のスープ 61
鮭と芽キャベツの蒸しもの 62
黒いおかゆ 64
おかひじきのごまあえ 65
筑波おろしプラスアルファ 66
浸す煮物 68
しらすご飯 69
カッペリーニ風トマトそうめん 70
あさりの酒蒸し 72
きのことアボカドのホットサラダ 74
シャリシャリ長いものガーリックソテー 76

Chapter 5 | 忙しいときにあると便利な常備菜

かきのオイル漬け 78
菜の花と生ハムのパスタ 80
鶏レバーの煮物 82
落花生味噌 83

鮭の昆布巻き　84
油揚げの甘煮　86
甘酢漬けしょうが　88
甘酢漬けしょうがの豚肉巻き　90

私のこだわり② フライパン　92

Chapter 6 | 心がほっとするスイーツ＆ドリンク

豆乳蒸しプリン　94
大豆のお菓子　96
甘酒　97
なんとなくスイートポテト　98
手作りジンジャーエール　100
あずきヨーグルト　101
ごまりんご　102
ブラウニー　104
カフェ風ハーブティー　106

あとがき　108

はじめに

私が料理を作る時に大切にしているのは、なるべく丁寧に作ろう、という気持ちです。

それ一つかもしれないです。

料理は失敗してしまう事もあるし、思っていたのと全く違うものになってしまったりもします。

身体の調子で美味しく感じる日もあれば、作ってはみたもののあまり箸が進まない日もあります。

丁寧に野菜を洗って、丁寧に切って、丁寧に茹でる、という事をすると、なんとなく、失敗も失敗ではなくなる気がします。

例えば生麩をフライパンで焼く時に、一つ一つ並べて、並べ終わった頃に最初に置いた生麩にはちょうどいい焦げ目がついていて、それをまた一つ一つひっくり返す時、

なんともいえない幸せな気持ちになります。

気持ちがゆったりするとその分、料理も美味しくなる気がします。

子どもがお腹を空かせている時も、なるべく気持ちを落ち着けて作るようにしています。

子どもは食事を作る間は、私を急かす事なく、文句も言わずに待ってくれます。

ちょっと不思議に思うくらい、いつまでも待ちます（笑）。

なので、美味しい料理は、丁寧に作る事で出来るのかな、と思います。

◎**分量のめやす**
・レシピの中の大さじ1は15㎖、小さじ1は5㎖、1合は180㎖です。

◎**だしのとり方**
・だしは昆布とかつおでとっています。

【材料】水1000㎖、昆布1枚（はがき½大）、かつおぶし15ｇ

1. 鍋に水と昆布を入れて30分おく。
2. ①を中火にかける。沸騰直前にかつおぶしを加え、煮立たないように火加減を落として3分間煮出す。
3. 火を止めてザルでこす。

Chapter 1
元気がでる クイック朝ご飯

朝ご飯がおいしいと、うれしい！
さっと作れるかんたん朝ご飯で、
元気な1日のスタートを。

食欲のない朝に、デザート感覚で

りんごの朝ご飯

材料　2人分
りんご ……………………………… ½個
プレーンヨーグルト ………… 100 g
バター ……………………………… 10 g
メープルシロップ ………… 大さじ2
シナモン ………………………… 適量

作り方
1. ヨーグルトはペーパータオルをしいたザルに入れ、ラップをして冷蔵庫に一晩おいて水気を切る。

2. りんごは皮をむいて芯を取り、5mmの厚さに切る。フライパンにバターを溶かし、りんごをソテーする。メープルシロップを入れ、からめる。

3. 器に②を盛り付け、①のヨーグルトを上から飾り、シナモンをふる。

ひとことMEMO
息子の直樹の機嫌が悪い朝に、
朝ご飯をしっかり食べて学校に行ってもらいたい、
とこれを作りました。甘いもので食を誘い、
添えた小さなおにぎりも食べてもらいました。

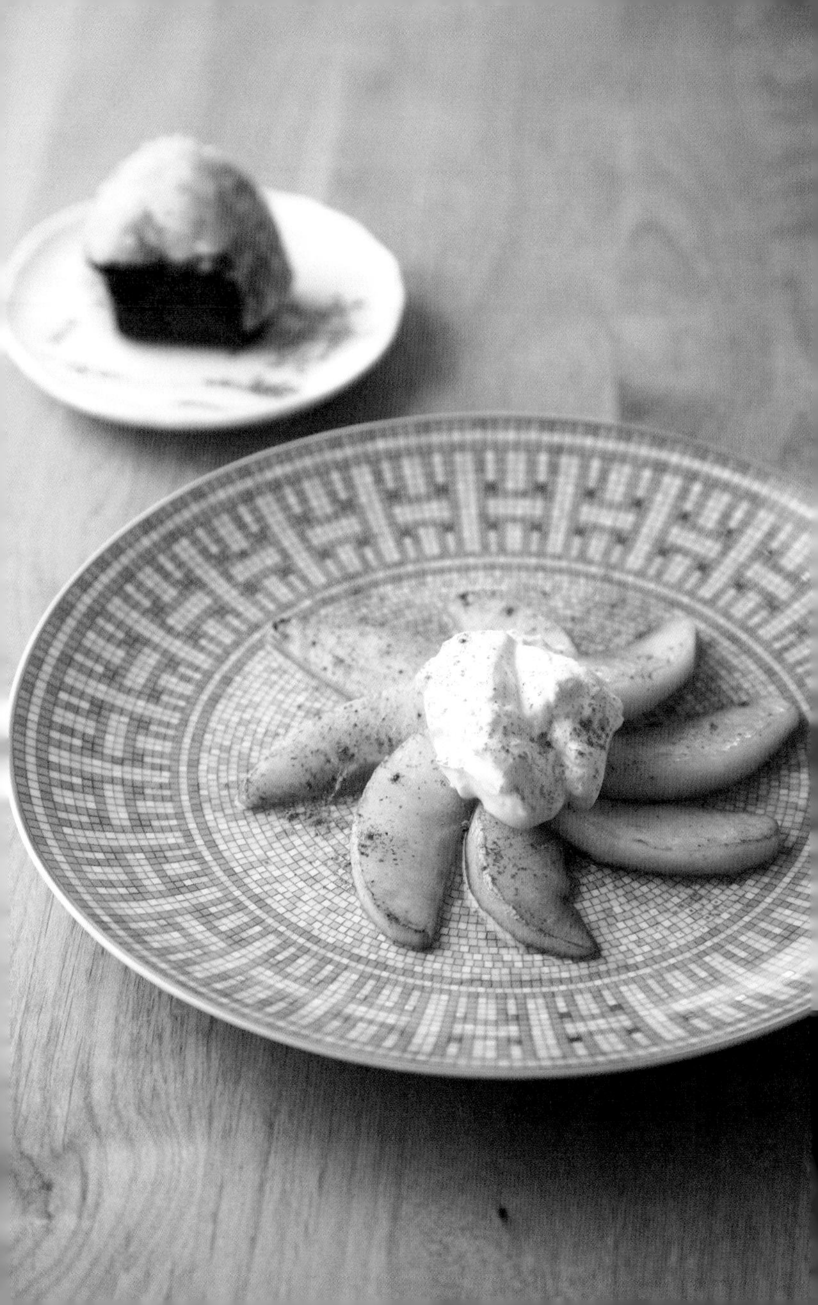

夏の朝にぴったり！
バナナとブルーベリーのジュース

材料　2人分
バナナ …………………………………… 1本
牛乳 ……………………………………… 300㎖
バニラビーンズ ………………… ½さや
メープルシロップ ……… 小さじ1
ブルーベリー …………………………… 30g

作り方
1. バナナは皮をむいて適当な大きさに切る。バニラビーンズは縦半分に切り、中の種を取り出す。

2. 材料を全てミキサーに入れて、なめらかになるまで回す。

ひとこと MEMO

体調や好みにあわせて、
バナナの量を調節してください。

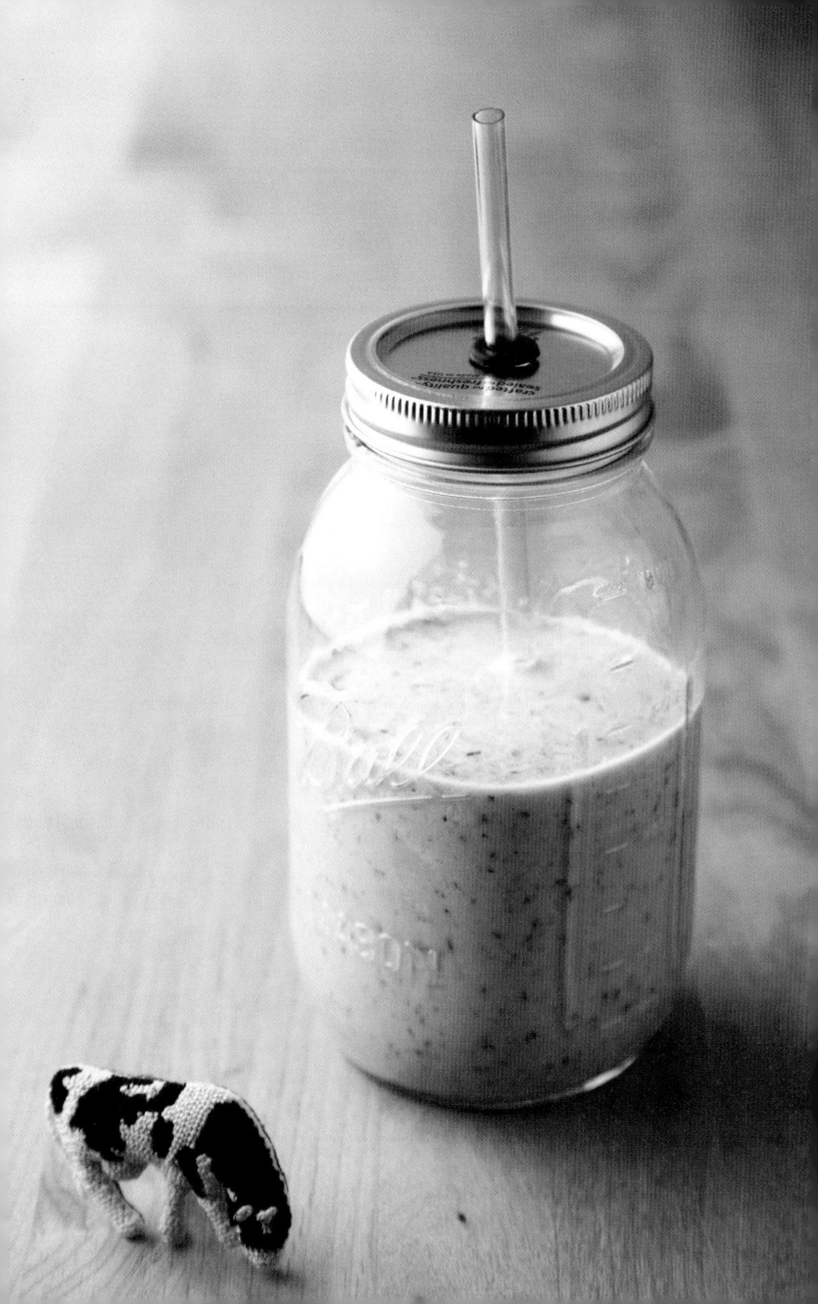
Ball

トーストをフライパンで焼くだけでおいしい

キャベツとベーコンのトースト

材料　2人分
食パン ………………… 2枚
オリーブオイル ………… 適量
キャベツの葉 …………… 3枚
ベーコン ………………… 4枚
卵 ………………………… 2個
塩・こしょう …………… 少々

♣ パンを焼くときは、オリーブオイルの量を多めにするとおいしくなります。

作り方

1 フライパンにオリーブオイルを中火で熱し、パンを両面焼いてから取り出す。

2 キャベツとベーコンを一口大に切り、フライパンにオリーブオイルを加えて炒める。塩で調味して、①の上にのせる。

3 フライパンにさらにオリーブオイルを加えて熱し、目玉焼きを作る。②の上にのせ、上から塩・こしょうをふる。

すぐエネルギーになるハチミツで、朝の元気をチャージ

ハチミツトースト

材料　2人分
食パン ・・・・・・・・・・・・・・・・・・ 2枚
バター ・・・・・・・・・・・・・・・・・・ 適量
ハチミツ ・・・・・・・・・・・・・・・・ 適量

♣ フライパンだとパンはすぐに焼けるので、焦げないように気をつけてください。

作り方

1. フライパンにバターを溶かし、パンを両面焼く。

2. ハチミツをかける。

材料MEMO

写真で使っているのはコームハニーという、蜂の巣ごといただく、天然のハチミツです。これだけで少し贅沢な気分になれるので、ぜひ使ってみてください。

バナナを添えて、ちょっと豪華に

フレンチトースト

材料　2人分

バゲット	2cm厚さ6切れ
卵	3個
牛乳	100mℓ
バニラビーンズ	1さや
バター	30g

≪バナナソテー≫

バナナ	2本
バター	10g
メープルシロップ	大さじ4

作り方

1. ボウルに卵、牛乳を入れよく混ぜ合わせ、バニラビーンズの種を取り出して加える。保存袋に卵液を移し、バゲットを入れて一晩浸す。

2. フライパンにバターを溶かして①のバゲットを入れ、ふたをして弱火でじっくり両面焼いて取り出す。

3. フライパンを軽くふいてバナナソテー用のバターを溶かし、2cm幅の斜め輪切りにしたバナナを両面焼く。メープルシロップを加えからめる。

4. ②のフレンチトーストに③のバナナを添え、フライパンに残ったメープルシロップをかける。

ひとことMEMO

前の晩に準備しておけば
卵液がしっかりパンの中にしみこみ、
朝は焼くだけで簡単です。

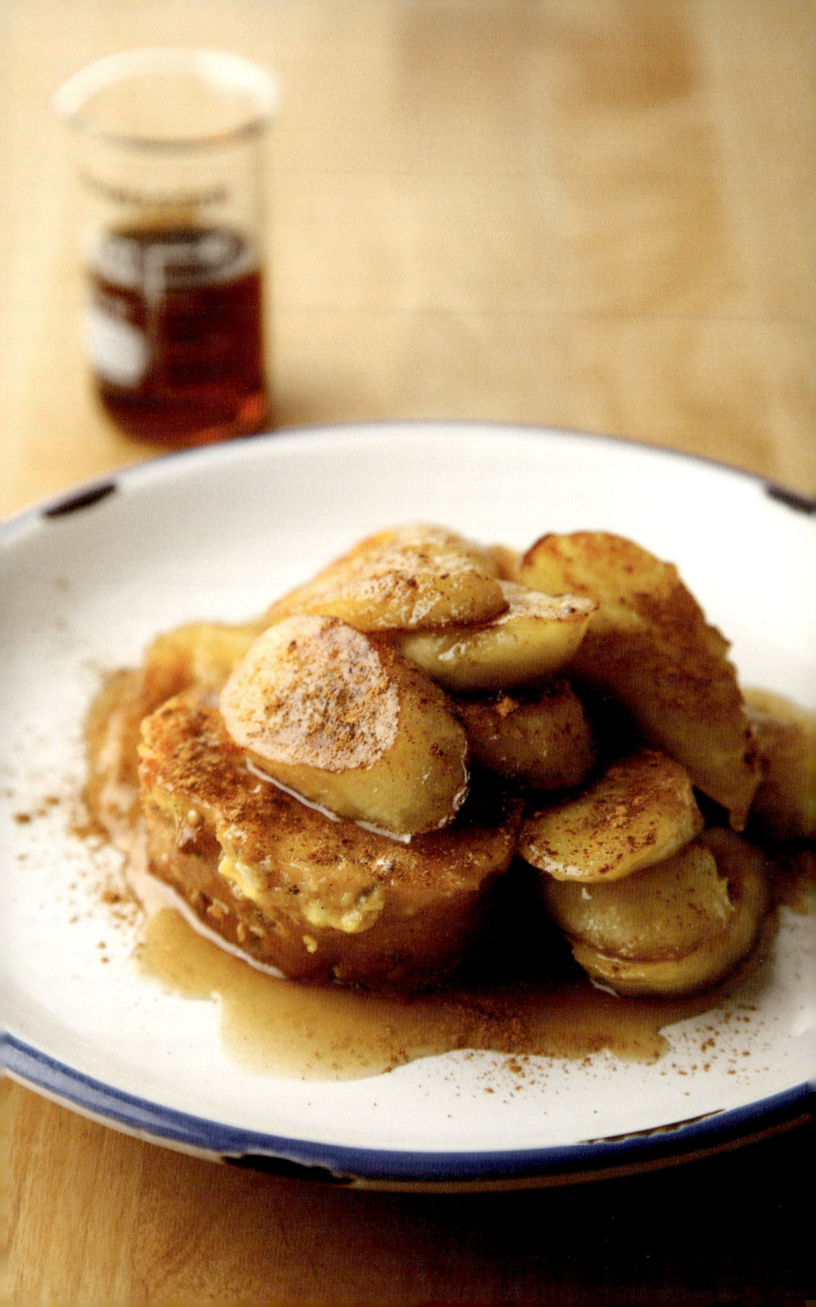

冷凍パイシートを使えば、簡単！

ソーセージパイ

材料　2人分
冷凍パイシート(長方形)
……………………………… 1枚
ソーセージ ………………… 2本
白いりごま ………………… 適量
ケチャップ ………………… 適量
粒マスタード ……………… 適量

《卵液》
卵 …………………………… 1個
牛乳 ……………………… 小さじ1
塩 ……………………… ひとつまみ

子どものお弁当やおやつに持たせても喜ばれます。

作り方

1 冷凍パイシートは常温で10分ほど解凍し、半分に切る。生地を縦にしてソーセージを手前に置き、半分に折りたたんで、周囲をフォークの先で押さえるように留める。

2 卵液の材料を混ぜておく。パイに包丁で斜めに切り目を入れ、卵液を塗る。上からごまをふる。

3 オーブンを200℃に温め、15〜20分焼く。ケチャップと粒マスタードを添える。

ひとこと MEMO
焼く前に卵を塗らないで作ったことがありますが、塗った方が、面倒ですが断然きれいです。
ごまもパイによくつきます。

Chapter ❶ 元気がでるクイック朝ご飯

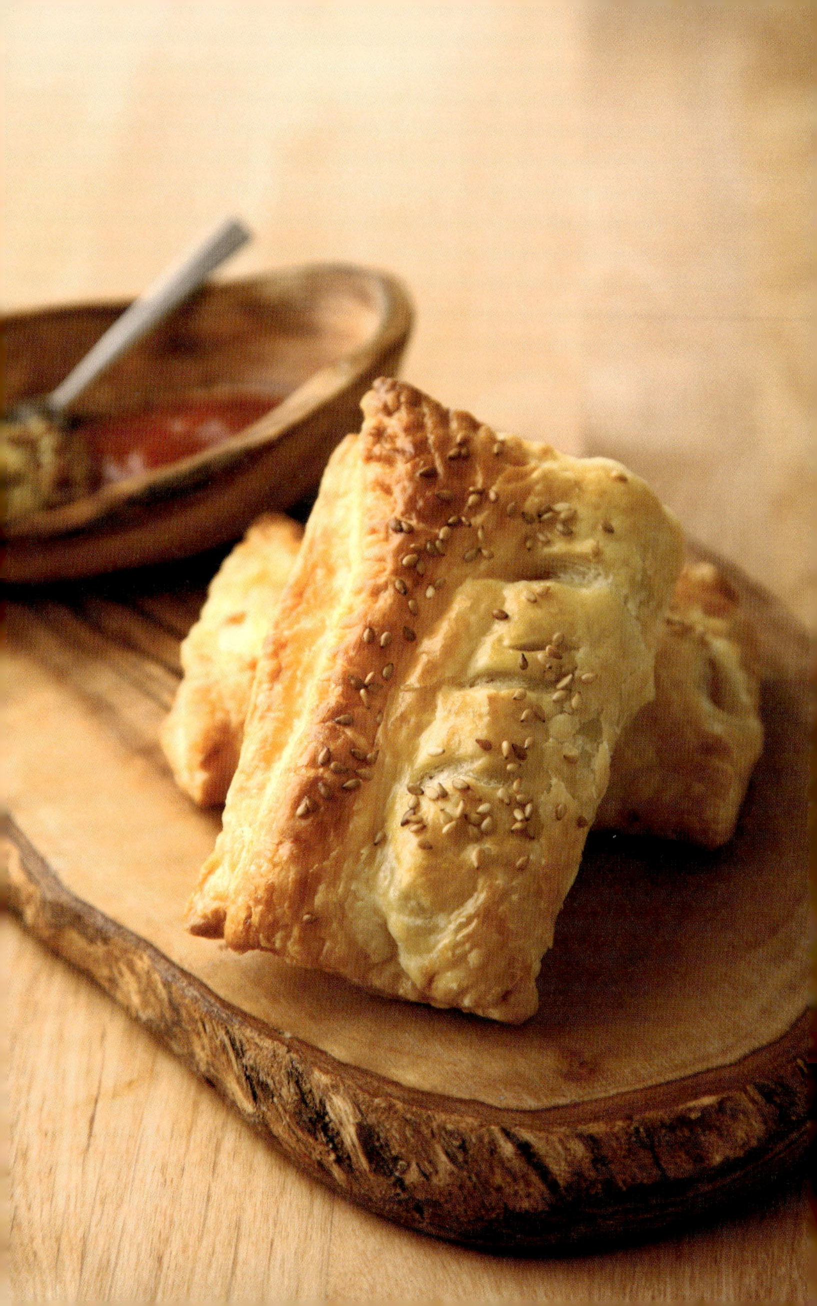

体にやさしい洋風おかゆ

オートミールのおかゆ

材料　2人分
オートミール ……………… 50g
長ねぎ ……………………… ½本
豚ロース肉 ………………… 50g
だし ………………………… 600mℓ
しょうがの絞り汁 ‥ 小さじ2
香菜 ………………………… 適量
ごま油 ……………………… 少々
塩・こしょう ……………… 少々

♣ オートミールはスープを吸うので、出来たてアツアツを食べてください。

作り方
1. 長ねぎは5cm長さに切り、白髪ねぎを作る。豚肉は5mm幅に、香菜はざく切りにする。

2. 鍋にだしを入れ火にかけ、沸騰したら豚肉を入れ1分、オートミールを加え2分煮る。塩、しょうがの絞り汁で味を調える。

3. 器に盛り、白髪ねぎ、香菜を飾り上からこしょうとごま油をかける。

忙しい朝に、手間いらずで栄養満点

まな板のいらないお味噌汁

材料　2人分
だし ……………………… 200㎖
味噌 ………………………… 大さじ1
乾燥あおさ ………………… 適量
乾燥湯葉 …………………… 適量
ひきわり納豆（混ぜておく）
　……………………………… 適量
白すりごま ………………… 適量

♣切らずにそのまま使える具を何点か常備しておけば、いつでも簡単に作れます。

作り方
1. 鍋にだしを入れて温め、沸騰したら弱火にして味噌を溶かす。

2. 器にあおさ、湯葉、ひきわり納豆、白すりごまを入れ①を注ぐ。

寒い朝に飲めば、体がぽっかぽか

そば粉のスープ

材料　2人分
そば粉 ………………………… 大さじ4
だし …………………………… 800～1000mℓ
塩 ……………………………… 少々

作り方
1. 鍋にだしを入れ、温める。
2. 沸騰したら弱火にし、そば粉を加えて泡立て器でよくかき混ぜ、塩で味を調える。少しとろみがつくまで加熱する。

ひとこと MEMO
そば粉を入れるときは、だまに
なりやすいので手早くかき混ぜてください。

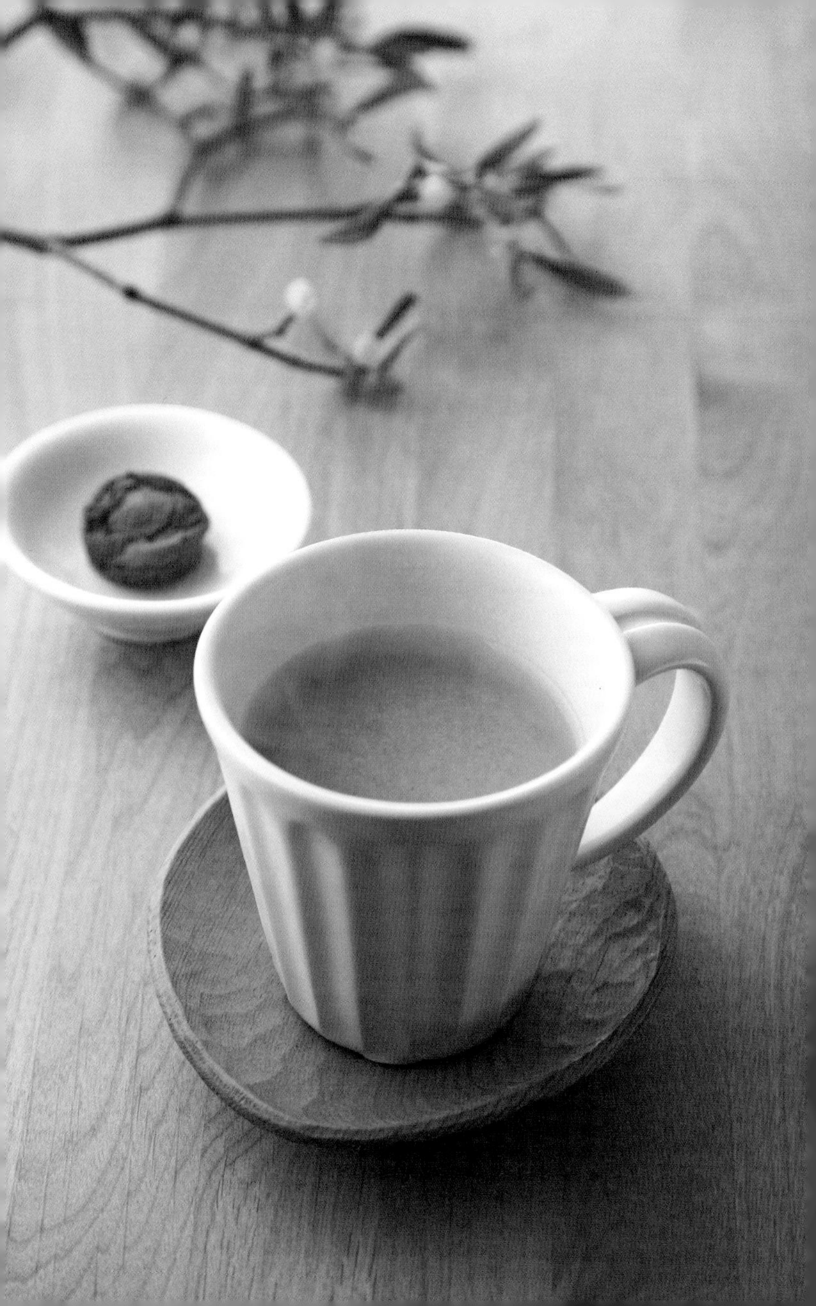

私のこだわり ①

調味料

料理を作るときにこだわっているのは調味料です。
料理本を読む事や、習うのが大好きなので、
おすすめのものを見たり聞いたりすると、
すぐ使ってみたくなります。
少しずつでも毎日、どの料理にも使うものだから、
おいしくて、健康にいいものを選ぶようにしています。
砂糖は「てんさい糖」や「メープルシロップ」、
油は「グレープシードオイル」や
「オリーブオイル」を使っています。

Chapter 2

定番メニューを
わが家流アレンジ

これ一品で、みんな笑顔に。

誰もが知っている定番メニューも、

こんなにおいしくなるんです。

手作りの皮が絶品！

手作り水餃子

材料　20個分

≪皮の材料≫
中力粉 …………………… 400g
水 ………………… 200〜250㎖

≪あんの材料≫
白菜 ……………………… 150g
豚バラ肉 ………………… 200g
蓮根 ………………………… 50g
香菜 ………………………… 1束
しょうが（すりおろし）
………………………… 小さじ2
ごま油 …………………… 大さじ1
塩 …………………………… 3g
こしょう …………………… 少々

≪タレ≫
黒酢・しょうゆ・ラー油
…………………………… 適量

ひとこと MEMO

「小麦粉教室」で餃子の皮の作り方を教わりました。手作りは面倒ですが、おいしいです。

作り方

1. ボウルに中力粉と水を少しずつ入れ、ひとまとまりになるまでこねる。台の上で、さらになめらかになるまでこねる。ラップに包み30分休ませる。

2. 白菜はみじん切りにして、塩ふたつまみをもみこみ15分くらいおき、水気をしっかり絞っておく。豚バラ肉は包丁で細かく刻む。蓮根は5㎜角に切り、香菜は茎だけをみじん切りにする。

3. ボウルに②の材料と、しょうが、ごま油、塩、こしょうを入れよく混ぜ合わせる。

4. ①の生地を直径2㎝の棒状にのばし、2㎝幅に切る。めん棒で丸くなるようにのばし、③のあんを包む。

5. お湯を沸かし、餃子を5分ゆでる。器に盛り、香菜の葉を添え、タレの材料を混ぜてかける。

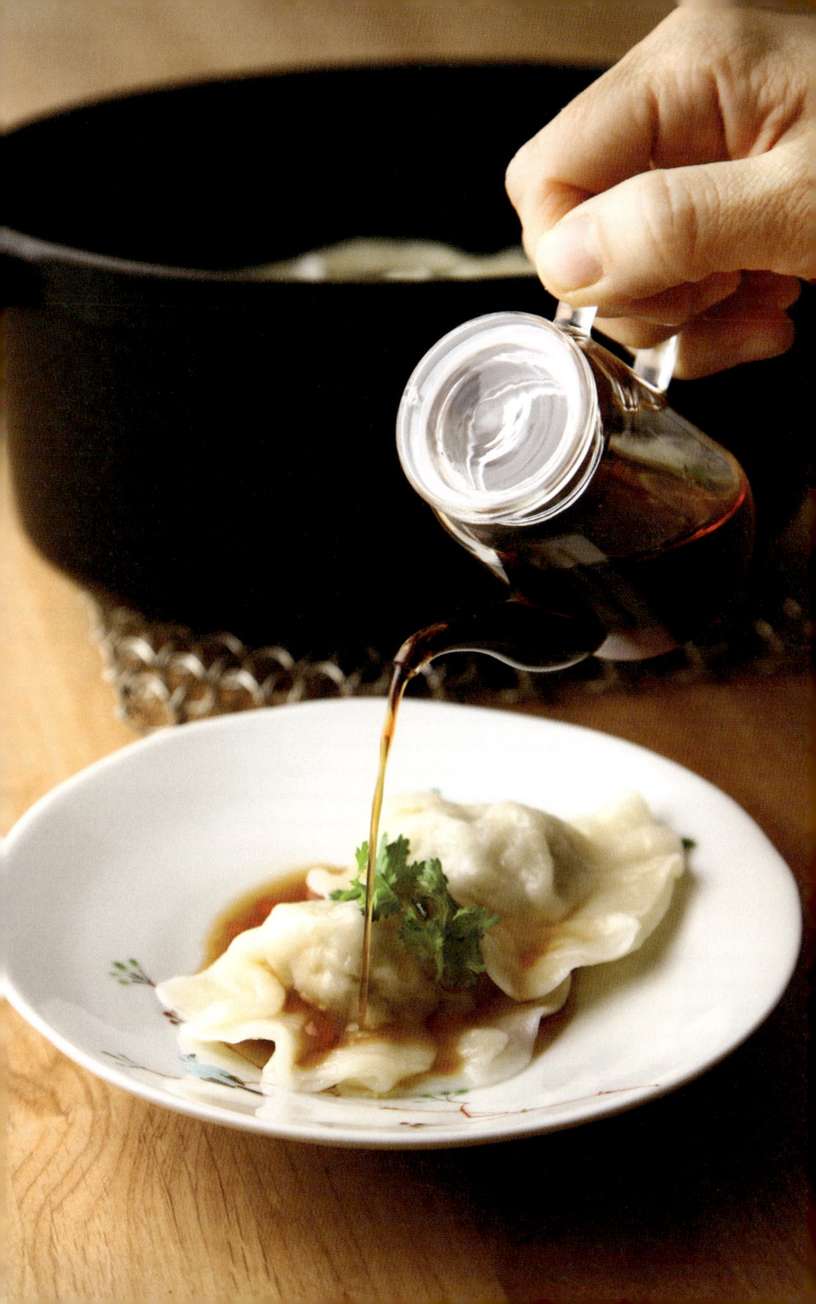

意外な隠し味でコクと甘みをプラス

キャラメルカレー

材料　2人分

にんじん	小1本
玉ねぎ	1個
牛肉切り落とし	100g
トマトの水煮缶	1缶(400g)
オリーブオイル	大さじ3
カレールー	100g
水	200㎖
キャラメル	4個
らっきょうの漬け汁	大さじ3
ご飯	適量
らっきょう	適量

作り方

1. にんじん、玉ねぎはみじん切りにする。牛肉は一口大に切る。

2. 鍋にオリーブオイルを熱し、にんじんと玉ねぎをしんなりするまで炒める。牛肉を加え、色が変わるまで炒める。

3. トマトの水煮缶、カレールー、水、キャラメル、らっきょうの漬け汁を加え、15分煮込む。

4. 器にご飯とカレーを盛り、らっきょうを添える。

ひとこと MEMO

キャラメルとらっきょうをカレーに入れて煮込めば、短時間でもコクがでます。と、芸能界の先輩に教わりました（笑）。

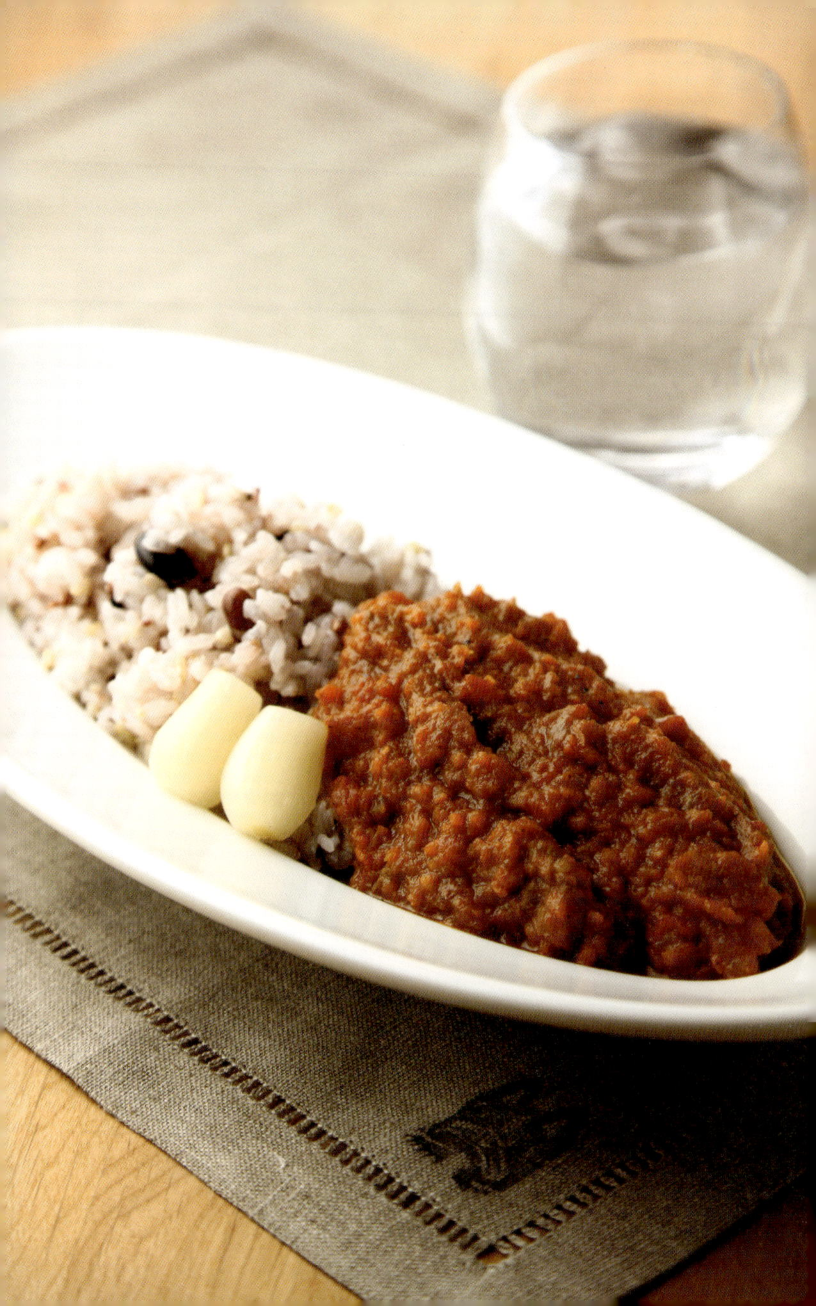

酸味のきいた大人のカレー

ヨーグルトチキンカレー

材料　2人分
鶏胸肉 ･･････････････････････ 1枚

≪マリネ液の材料≫
プレーンヨーグルト ･････ 400g
しょうが（すりおろし）
･････････････････････････････ 大さじ1
ライム汁 ･･･････････････ ½個分
クミンシード ･･･････････ 小さじ½
ガラムマサラ ･･･････････ 大さじ1
にんにく ･･････････････････ 1片
塩 ･･･････････････････････ 小さじ¼

≪仕上げ用≫
ライム ･･･････････････････････ ½個
ブロッコリー ･････････････････ ⅛株
赤・黄パプリカ ･･･････ 各¼個
オリーブオイル ･･････････ 適量
塩 ･････････････････････････ 適量
こしょう ･･･････････････････ 適量
ご飯（胚芽米）･･････････ 適量

作り方

1 ヨーグルトはペーパータオルをしいたザルに入れ、15〜30分おいて水気を半分くらい切る。

2 鶏肉は一口大のそぎ切りにする。マリネ液の材料を全て合わせ、鶏肉を加えて一晩マリネしておく。

3 フライパンか大きめの鍋に①を全て入れ、10分くらい煮る。仕上げ用のライムを絞る。

4 ブロッコリーとパプリカをゆで、一口大に切る。オリーブオイルと塩であえる。

5 器にご飯とカレーを盛り、オリーブオイルとこしょうをかける。付け合わせの野菜を添える。

ひとこと MEMO

ヨーグルトの水切りをしないと、肉をマリネしたときに水分が多くなりすぎてしまいます。

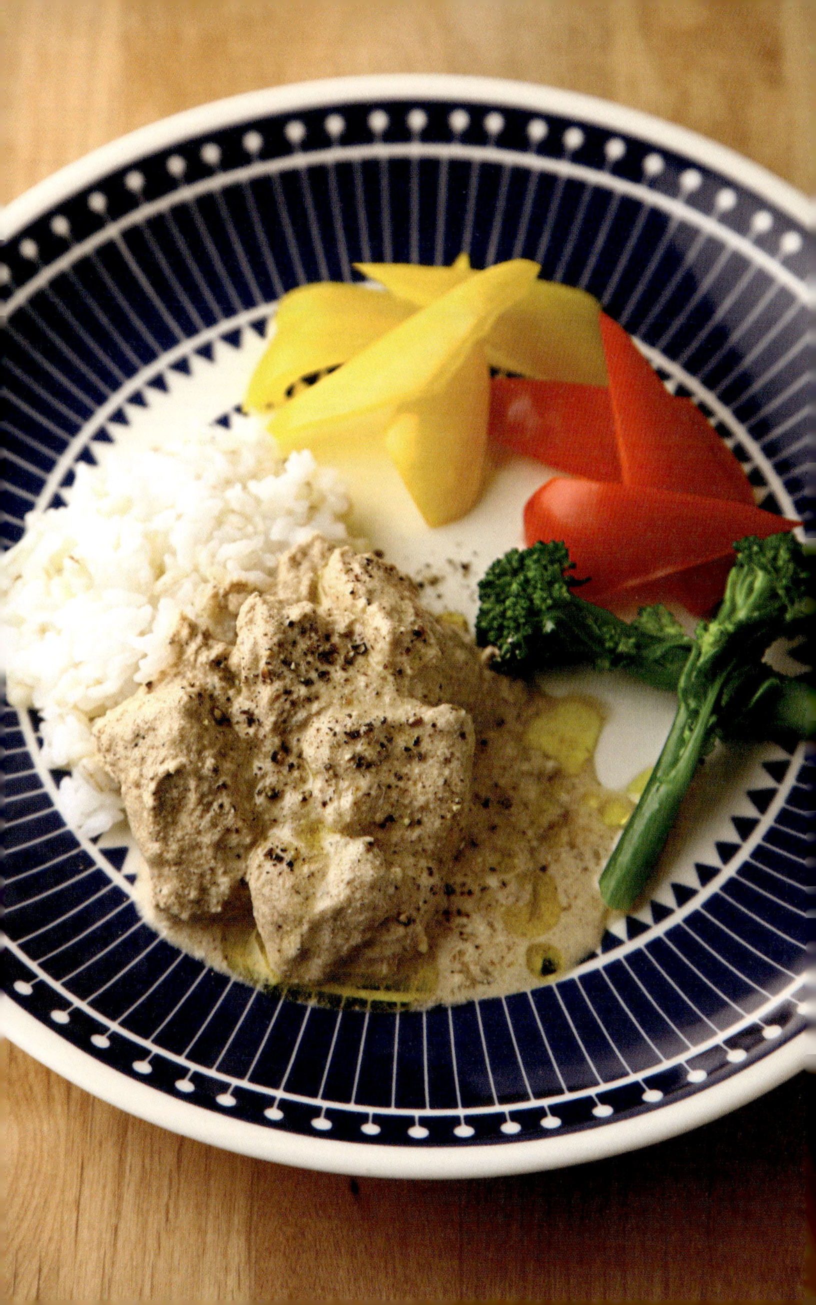

ハーブの香りが食欲をそそります

豚バラ肉のハーブ炒め

材料　2人分
豚バラ肉 …………………………… 200g
塩 …………………………………… 小さじ1/3
エルブ・ド・プロヴァンス
　………………………………… 小さじ1/3
粒マスタード ………… 大さじ1と1/2
ツルムラサキ… 1パック（約200g）

材料MEMO

エルブ・ド・プロヴァンスはタイム・セイジ・ローズマリー・フェンネル・バジルなどを使ったミックスハーブ。スーパーでも手に入るので、気軽に試してみてください。

作り方

1 豚バラ肉は一口大に切り、塩とエルブ・ド・プロヴァンスを全体にまぶす。

2 油をひかずにフライパンに豚バラ肉を広げ、全体に焼き色がつくまで炒める。

3 肉に火が通ったら、粒マスタードを加えて軽く炒め、皿に盛り付ける。

4 同じフライパンで、ツルムラサキを炒める。味見をして、足りなければ塩で味付けし、肉の皿に盛り付ける。

ひとことMEMO

同じフライパンで炒めるので、
豚バラ肉のうまみがツルムラサキに
しみこみます。

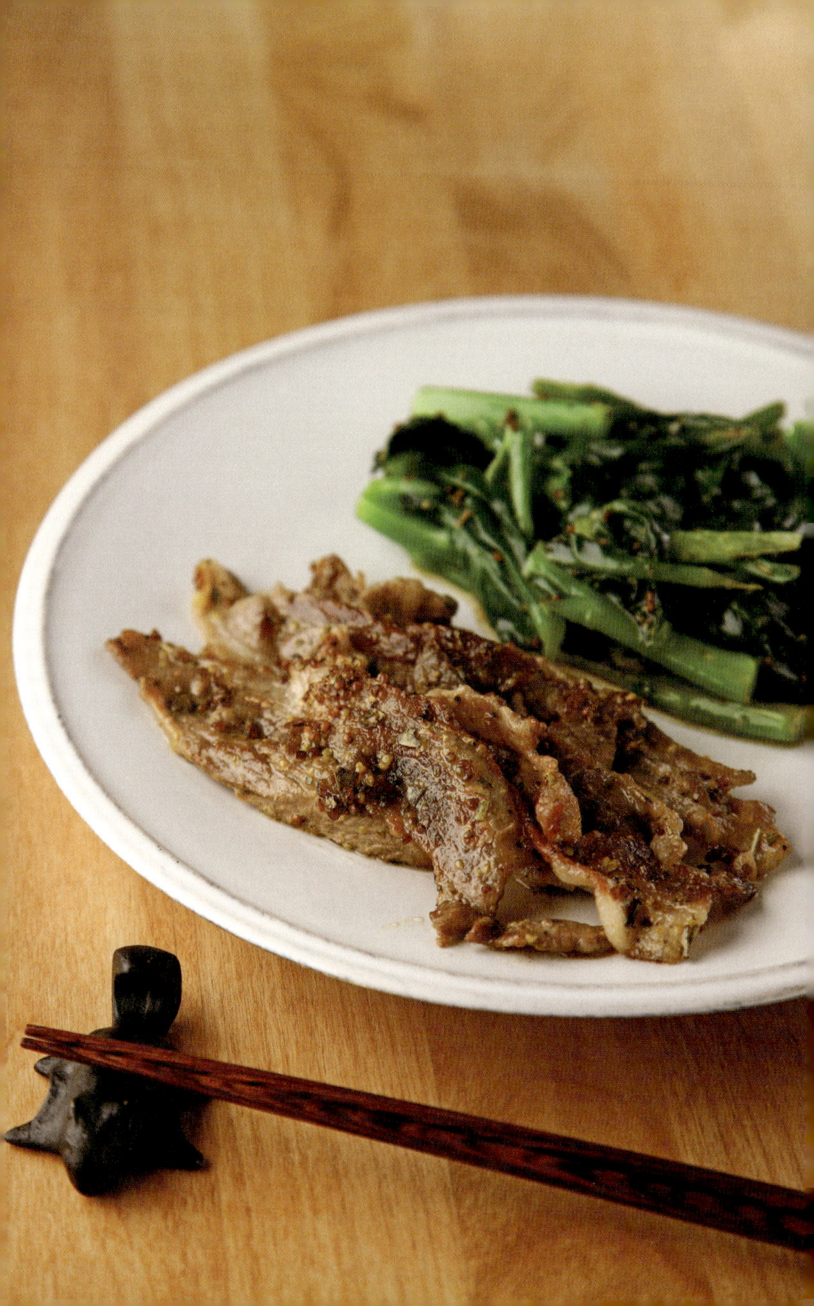

白いスープで肌も美しく

コラーゲンたっぷりスープ

材料　2人分

鶏手羽先	6本
はと麦	大さじ3
ひえ	大さじ1
雑穀	大さじ1
しょうが	35g
水	700ml
百合根	1株
塩	適量

作り方

1. しょうがは皮をむき、千切りにする。百合根は一片ずつはがす。

2. 鶏手羽先、はと麦、ひえ、雑穀、しょうが、水を圧力鍋に入れ、ふたをして強火にする。圧力がかかりだしたら弱火にして6分加熱し、安全装置が下がるまで自然放置する。

3. ふたをあけて百合根を加え、火が通るまで煮て、塩で味を調える。

ひとこと MEMO

圧力鍋を使うことで短時間で火が通り、トロトロになります。

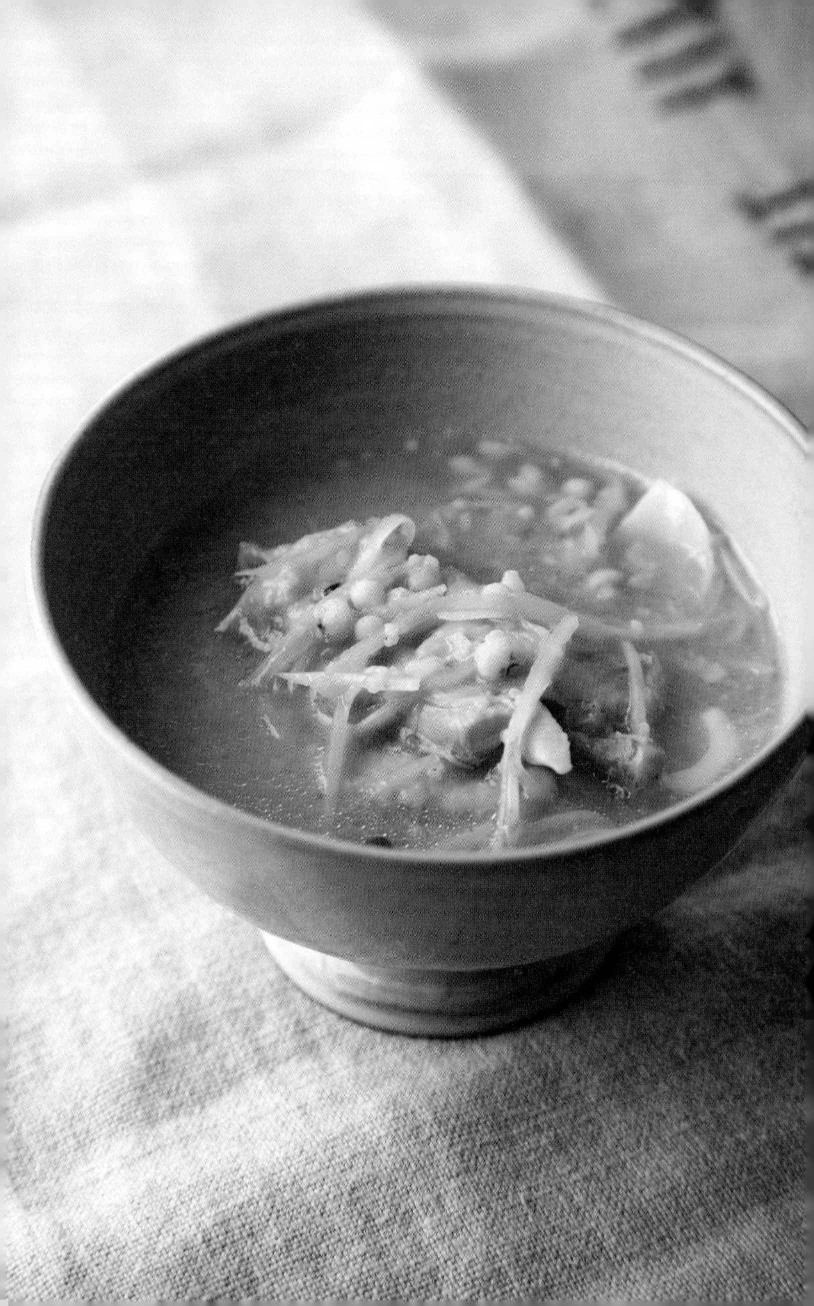

フードプロセッサーを使えば本格パスタも簡単に

あさりと小松菜のグリーンパスタ

材料　2人分
あさり ･････････････････････ 200g
小松菜 ･････････････････････ 250g
にんにく（みじん切り）･････ 1片
白ワイン ･･･････････････････ 大さじ4
塩・こしょう ･･･････････････ 適量
オリーブオイル ････････････ 大さじ3
スパゲッティー（1.6mm程度の細めのもの）･････････････････････ 200g

作り方

1. 小松菜をゆでてフードプロセッサーにかけ、ピューレ状にする。

2. フライパンににんにくとオリーブオイル大さじ1を入れ弱火で熱し、香りがしてきたらあさりを加え、軽く炒める。白ワインを加えふたをして、あさりの口が開くまで加熱する。①の小松菜を加える。

3. スパゲッティーをゆで、②のソースに加えてあえる。塩、こしょう、オリーブオイル大さじ2で味を調える。

ひとことMEMO

小松菜はゆでたあと絞らず、
ゆで汁を含んだままフードプロセッサーに
かけた方がなめらかなピューレができます。

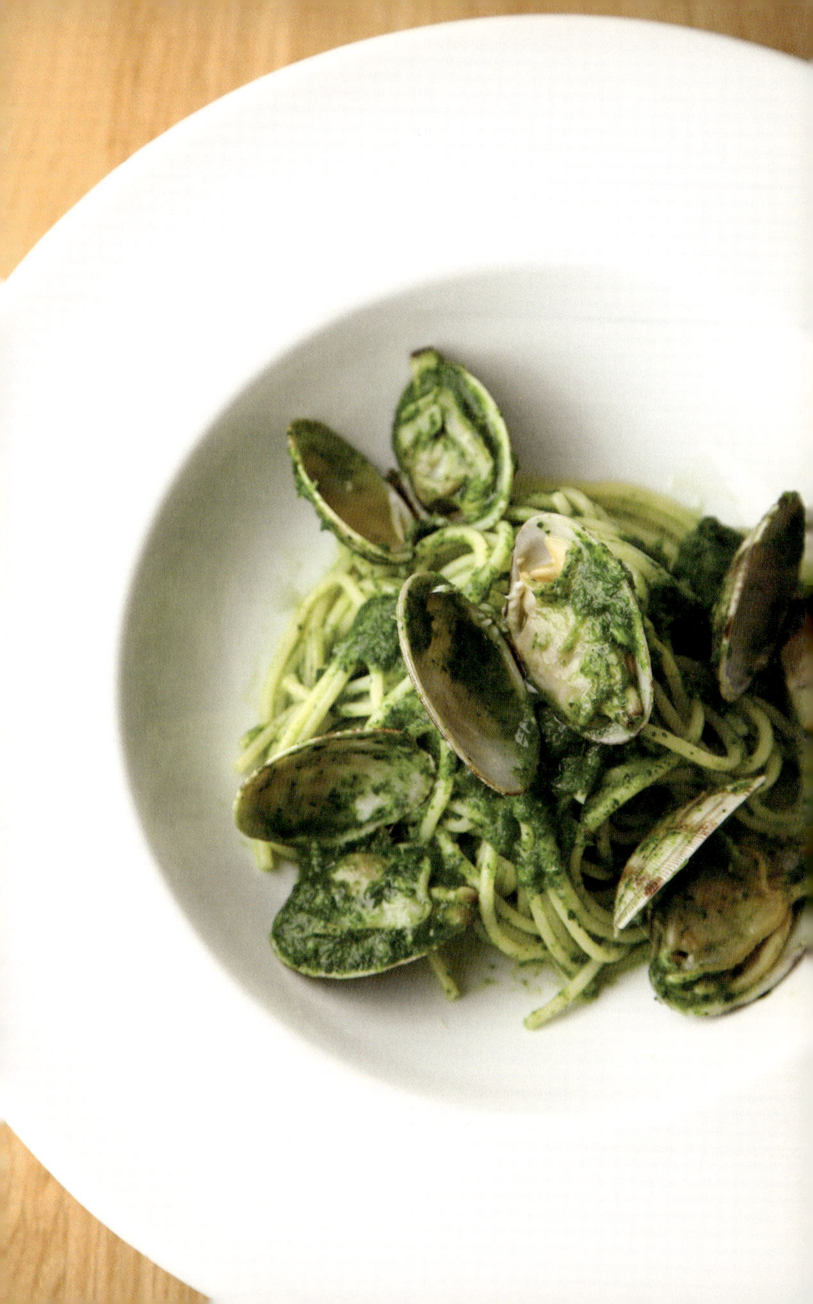

フライパンのまま食卓に出して

アジの開き香草焼き

材料　2人分
アジの開き　　　　　　　　2尾
タイム（生）　　　　　　　6本
ズッキーニ　　　　　　　　½本
芽キャベツ　　　　　　　　6個
パプリカ（黄）　　　　　　½個
オリーブオイル　　　　　　適量

作り方

1. タイムは枝から取っておく。ズッキーニは1cm幅に、芽キャベツは半分に切る。パプリカは一口大に切る。

2. フライパンにオリーブオイルを熱し、タイムの葉を入れて加熱する。香りがしてきたら、アジを入れる。

3. 片面が焼けたらひっくり返し、ズッキーニ、芽キャベツ、パプリカを入れふたをして、野菜に火が通るまで蒸し焼きにする。

ひとこと MEMO

タイムを使うことでアジが洋風のお料理になります。タイムの葉は焼くときにはねるので気をつけてください。

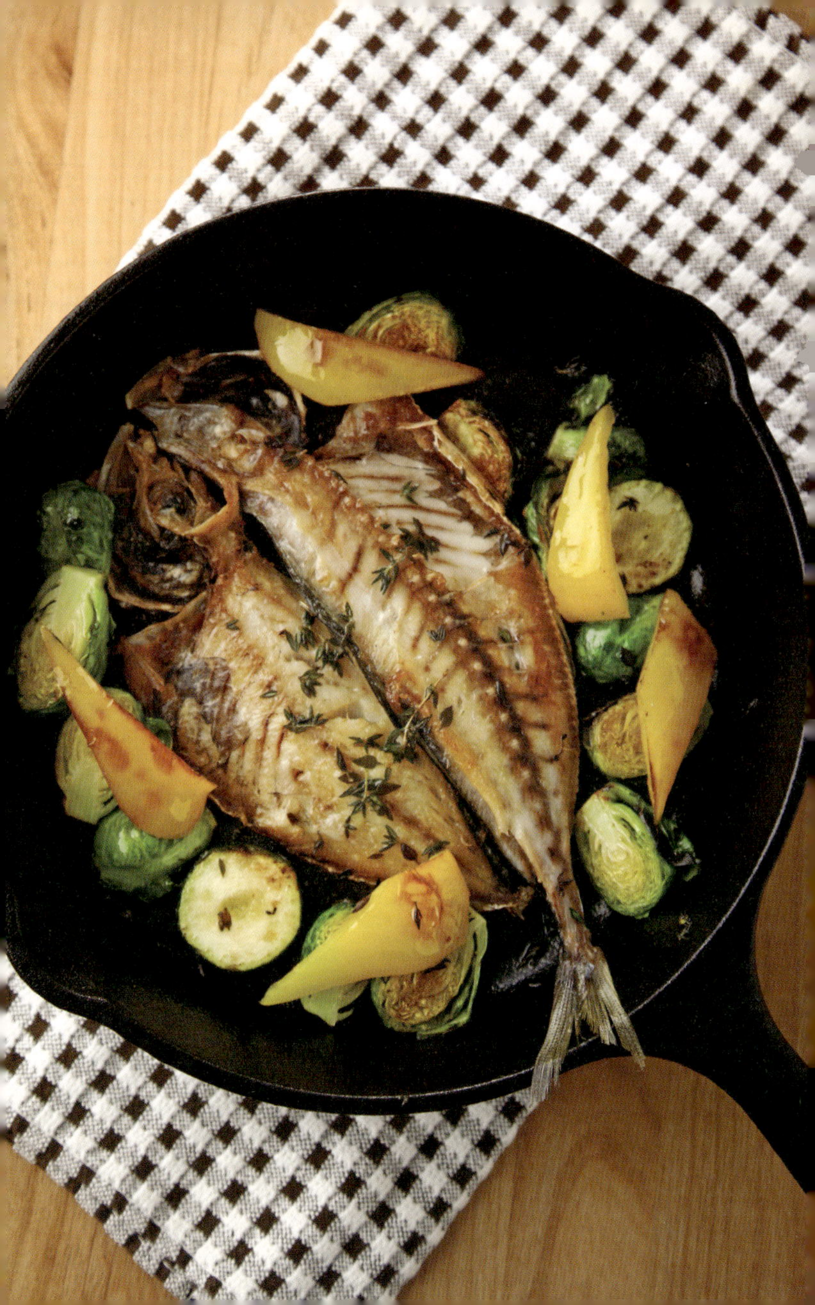

おつまみにぴったり！
生麩のバターしょうゆ炒め

材料　2人分
生麩 ………………………… 120g
バター ……………………… 16g
しょうゆ ………………… 大さじ1

作り方
1. 生麩は指で一口大にちぎる。
2. フライパンにバターを弱火で熱し、生麩を入れて両面を焼き色がつくまで焼く。しょうゆを加えてからめる。

ひとこと MEMO

生麩を一つずつていねいに焼くと、
カリッとなっておいしいです。
直樹の大好物です。

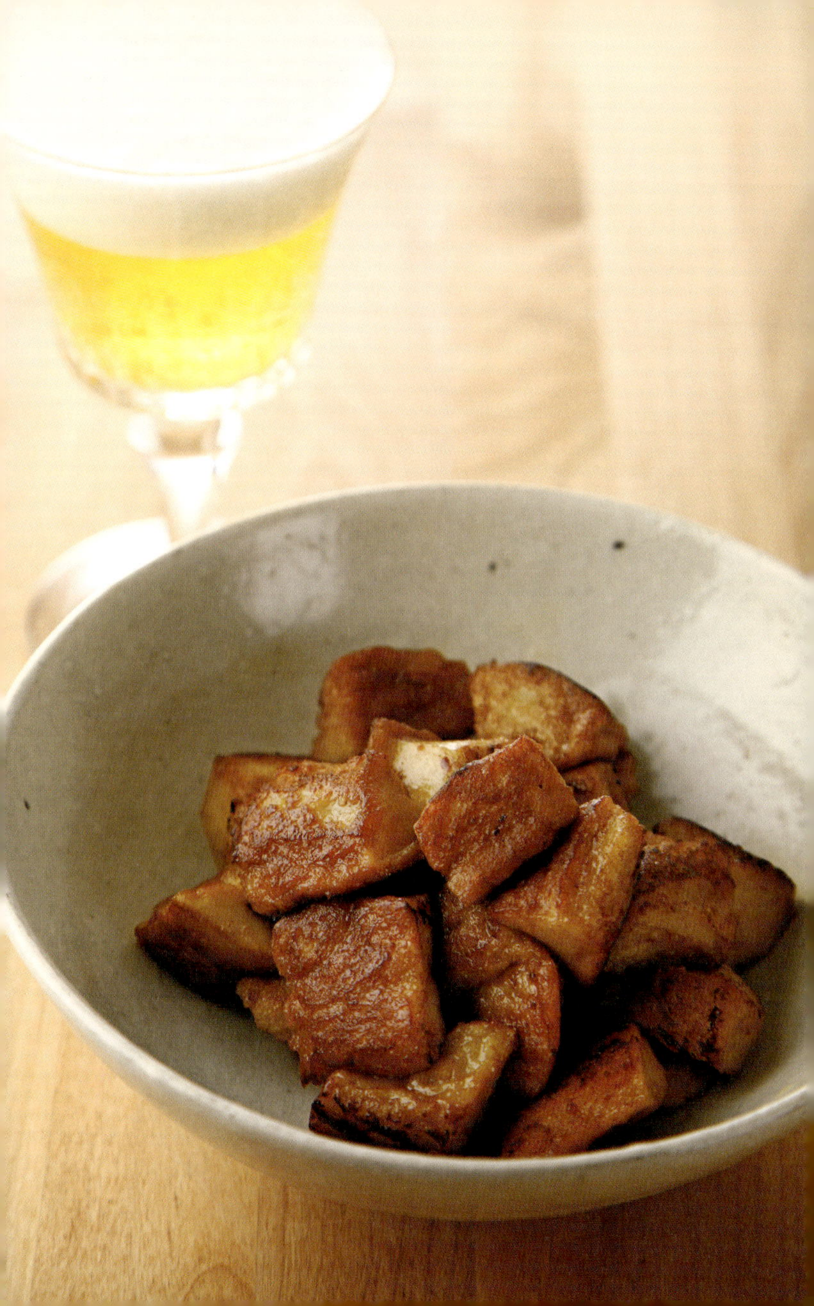

漬けて焼くだけで、こんなにおいしい

牛肉の味噌漬け

材料　2人分
牛肉（もも肉かたまり）…… 200g
味噌 ……………………………… 100g
酒粕 ……………………………… 100g
オリーブオイル ………………… 適量

作り方
1. ボウルに味噌と酒粕を入れ、よく混ぜる。バットに移して牛肉を加え、まんべんなく味噌をまぶす。ラップをして一晩冷蔵庫で漬けておく。

2. 牛肉についた味噌をペーパータオルでふきとる。フライパンにオリーブオイルをうすくひいて中火で熱し、全体を焼く。アルミホイルに包んで30分くらいおき、余熱で火を通す。

ひとこと MEMO

焦げやすいので、気をつけてください。

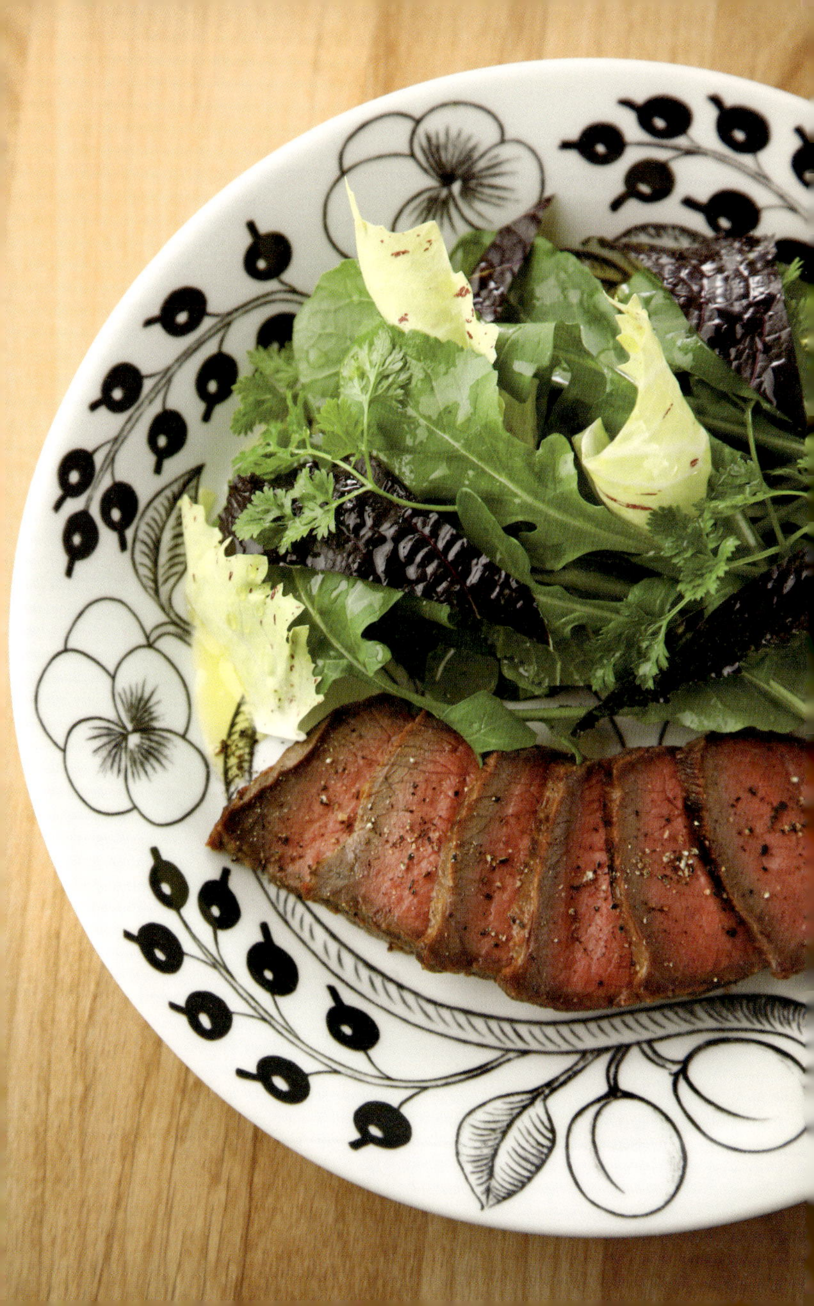

豆腐を湯葉にかえれば、クリーミーに

ゴーヤと湯葉の炒めもの

材料　2人分
ゴーヤ ……………………… 1本
汲み上げ湯葉 ……………… 200g
かつおぶし ………… ひとつかみ
グレープシードオイル
　………………………… 大さじ2
しょうゆ ………… 大さじ1と½

♣ 試しに豆腐を湯葉にしてみたら、子どもにも食べやすくなったようです。

作り方

1 ゴーヤを縦半分に切って種をスプーンで取り除き、薄く切る。

2 フライパンにグレープシードオイルを中火で熱し、ゴーヤを炒める。透明になってきたら、湯葉を加えて炒める。

3 器に盛り、しょうゆで味を調え、かつおぶしをかける。

Chapter 3
ワンプレートでも満腹満足なご飯もの

がっつり、パパッと、お弁当にも。
いつでも大活躍のご飯もの。
ていねいに盛り付ければ、これだけでごちそうに。

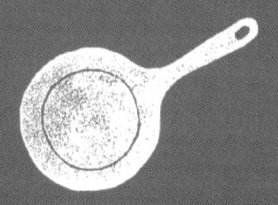

食べごたえ満点、栄養バランス満点

豚のしょうが焼き丼

材料　2人分
豚ロース肉
　（しょうが焼き用）…… 200g
片栗粉 ………………………… 適量
グレープシードオイル ‥ 適量
ご飯（五穀米）……………… 適量

≪タレ≫
しょうゆ ………………… 大さじ1
酒 ………………………… 大さじ2
メープルシロップ ‥ 大さじ½
しょうが絞り汁 …… 大さじ½

≪付け合わせ野菜≫
キャベツ ……………………… ¼玉
蓮根・かぼちゃ …………… 適量

作り方

1. キャベツを千切りに、付け合わせの野菜を薄く切っておく。

2. タレの材料を合わせておく。

3. 豚肉に片栗粉をまぶす。フライパンにグレープシードオイルを熱し、豚肉を両面焼き色がつくまで焼いてから、いったん取り出す。同じフライパンで付け合わせの野菜を焼き、取り出す。

4. フライパンの油をペーパータオルでふき、②を入れる。火にかけて沸騰したら豚肉を戻し入れ、タレをからめる。

5. 器にご飯、肉、野菜を盛り付ける。

ひとこと MEMO

長時間つけこまなくても、
味がよくからみます。お弁当にも便利！

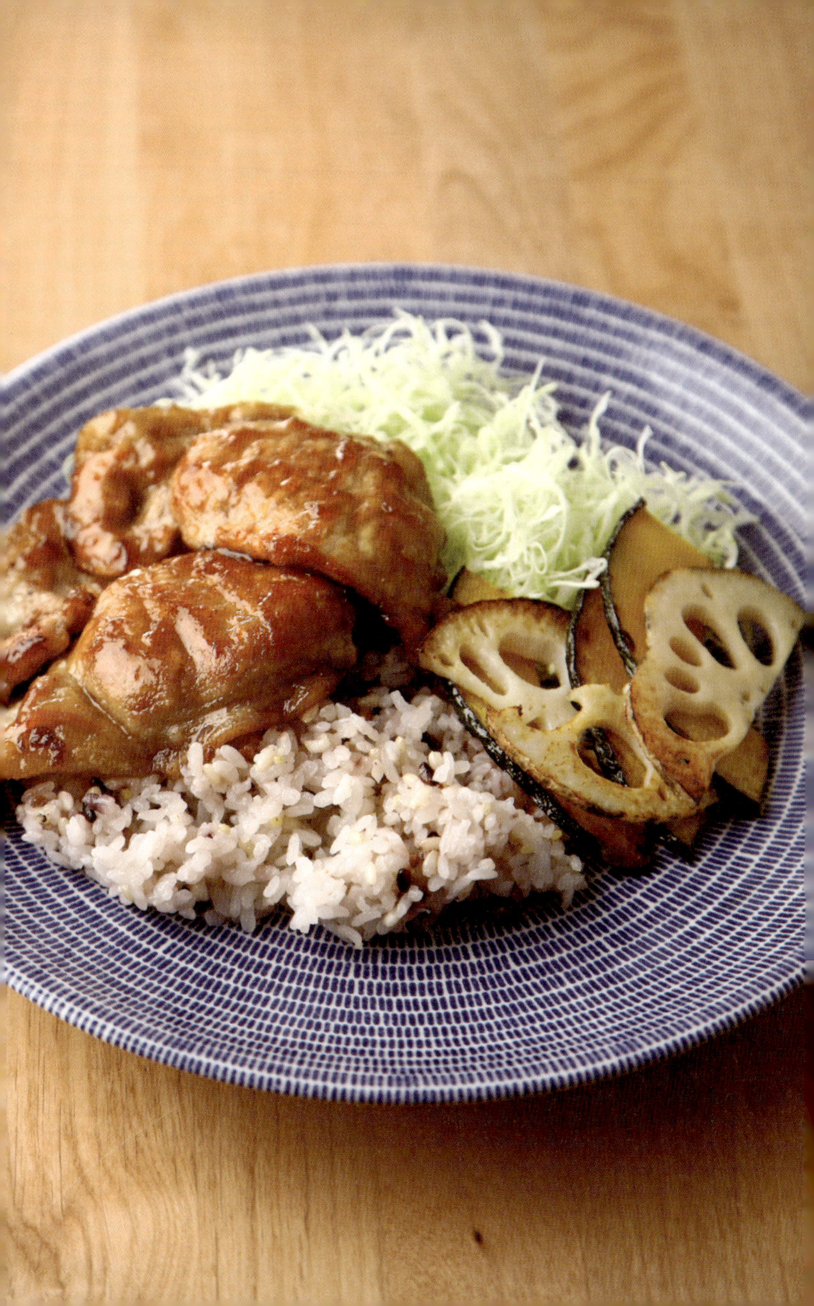

納豆をバターで炒める！ 新感覚ご飯

バター納豆ご飯

材料　2人分

納豆	100g
バター	20g
しょうゆ	小さじ1
ご飯（五穀米）	ご飯茶碗2杯分

≪付け合わせ野菜≫
アルファルファ	適量
にんじん	1/8本
きゅうり	1/4本

作り方

1. 付け合わせ野菜のにんじんときゅうりを1cm角に切る。

2. フライパンにバターを溶かし、納豆を加え炒める。しょうゆを加えて軽く炒める。

3. お皿にご飯をのせて②をかけ、アルファルファ・にんじん・きゅうりを飾る。

ひとこと MEMO

直樹にたっぷり納豆を食べてもらいたくて、バターを使ってみました。
成功して嬉しいです。これも直樹の大好物。

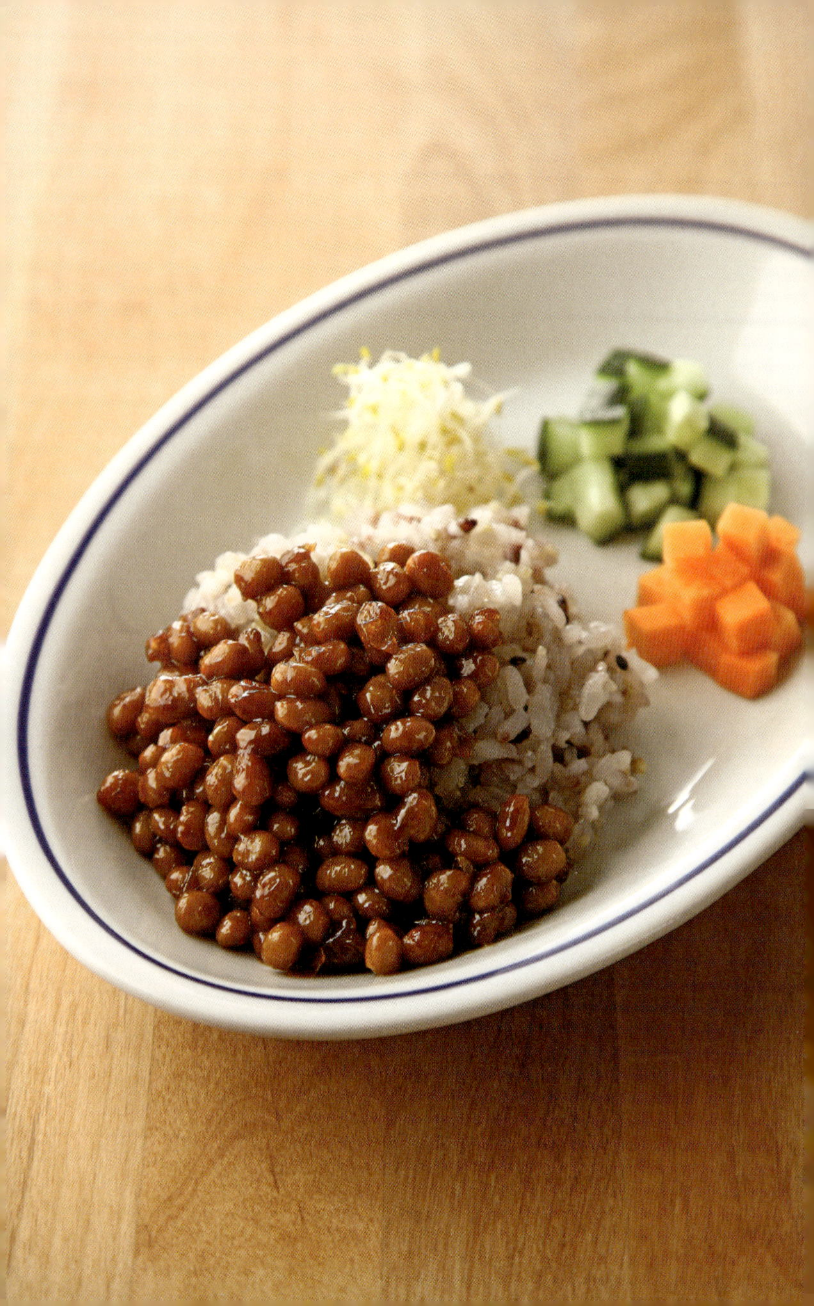

ごぼうだけでも十分においしい

ごぼうチャーハン

材料　2人分
ごぼう ………………………… 小1本
グレープシードオイル
　………………………… 大さじ1と1/2
ご飯（五穀米）………………… 400g
塩 ………………………………… 少々

材料MEMO
グレープシードオイルは、ぶどうの種をしぼった油です。さっぱりしてクセがなく、どんな料理にも合います。

作り方

1　ごぼうは斜め薄切りにする(水にはさらさない)。

2　フライパンにグレープシードオイルを中火で熱し、ごぼうを炒める。塩で調味する。

3　ご飯を加えて炒め、塩で味を調える。

ひとことMEMO
蓮根で同じように作っても、おいしいです。

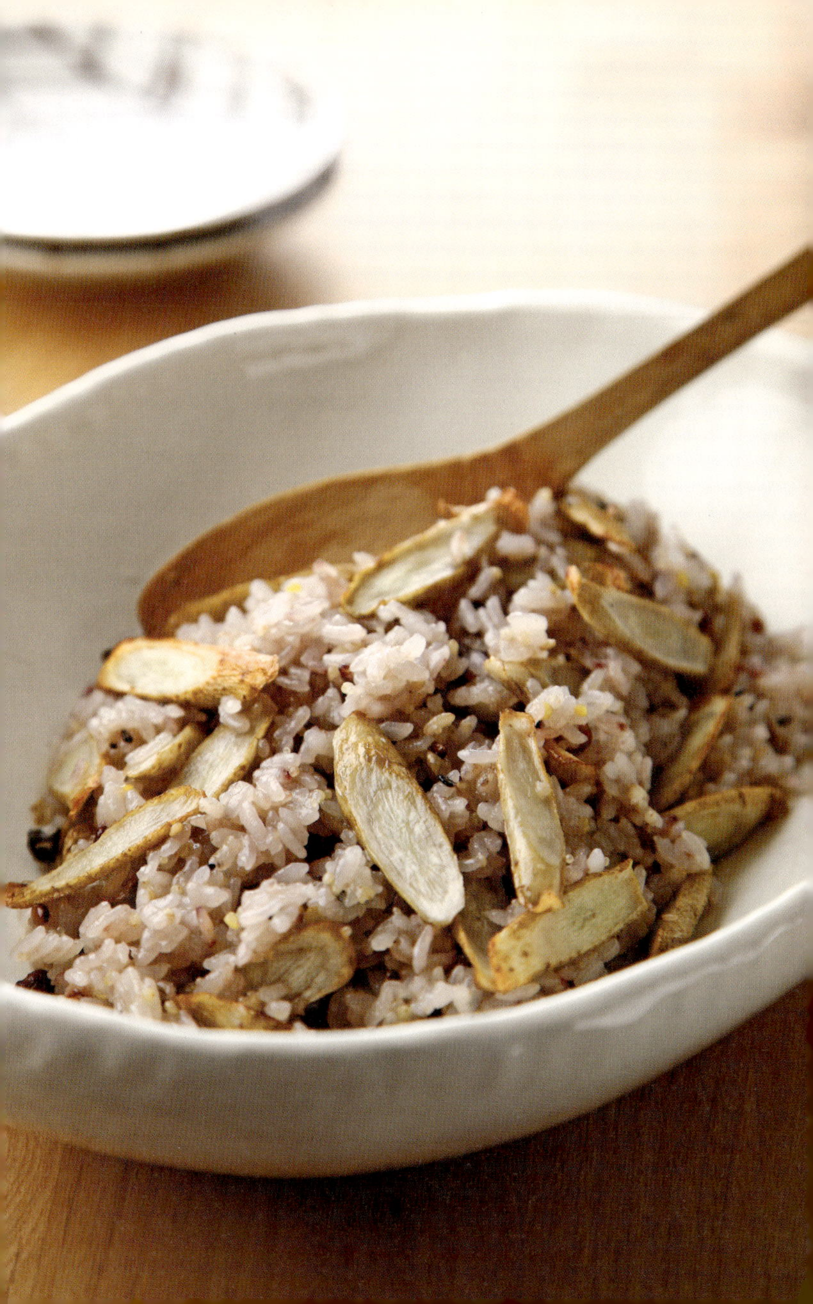

ポン酢とオリーブオイルで一工夫
ネギトロご飯

材料　2人分
ご飯（胚芽米） 300g
まぐろ 100g
ポン酢しょうゆ 大さじ1
オリーブオイル 大さじ1と少々
芽ネギ 適量
塩 少々

作り方
1. ボウルにご飯を入れ、ポン酢しょうゆとオリーブオイル大さじ1をかけて混ぜる。

2. ①を器に盛り、まぐろをのせる。塩とオリーブオイル少々をふり、芽ネギを飾る。

ひとこと MEMO
粗めの塩をふりかけると、さらにおいしいです。
ポン酢しょうゆとオリーブオイルをかけた
ご飯は、食欲のないときに作ります。

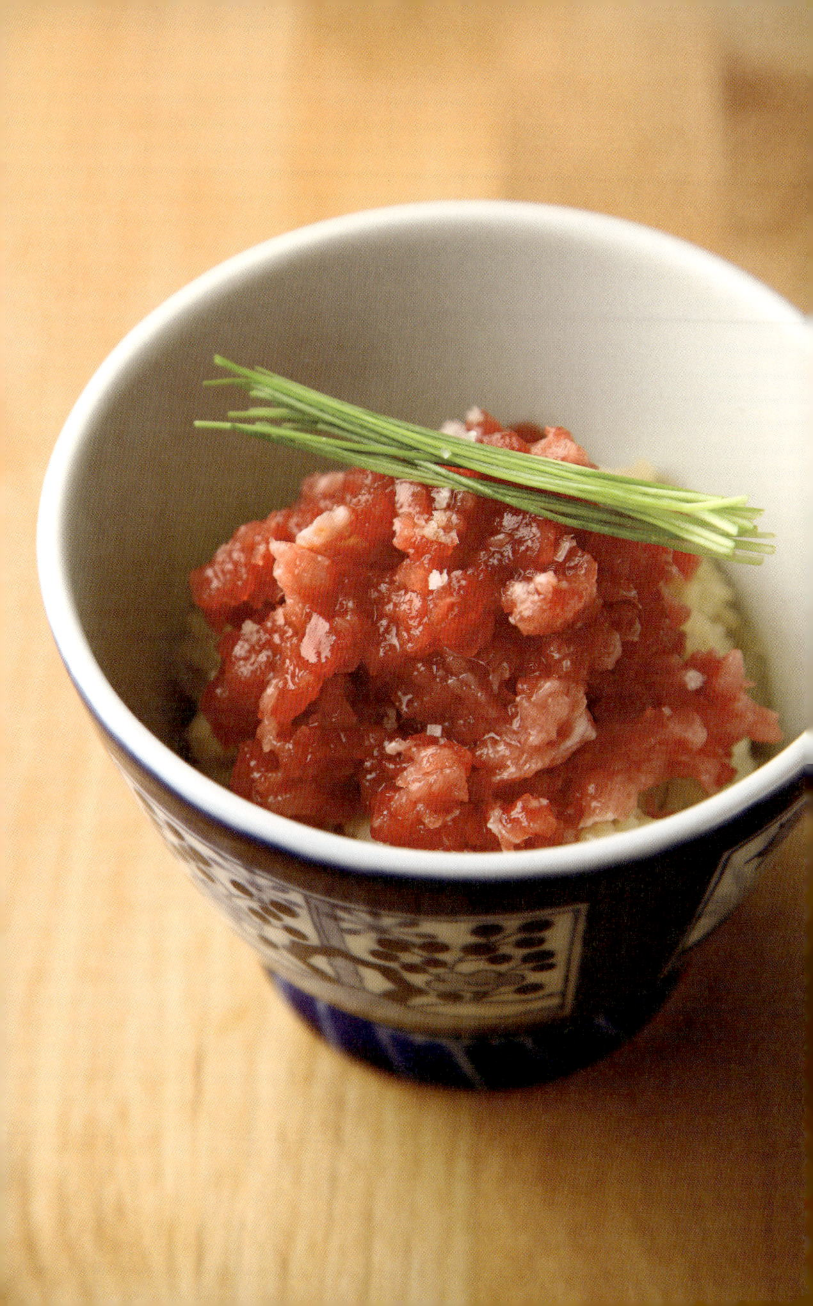

目でおいしい。舌でもおいしい

鰻ご飯

材料　2人分

鰻	1枚
きゅうり	½本
大葉	5枚
いんげん	8本
枝豆	適量
卵	1個
ご飯（雑穀米）	250g
鰻のタレ	1枚分
白いりごま	小さじ1
塩	少々
グレープシードオイル	適量
山椒（好みで）	少々

作り方

1. きゅうりは小口切りにして塩をひとつまみふってもんでおき、しんなりしたら水気をよく絞る。大葉は千切りにする。鰻は1cm幅に切ってタレをまぶし、好みで山椒をふる。

2. いんげんは塩ゆでして、縦半分に切り、さらに2等分に切る。枝豆はゆでて、さやから出しておく。

3. 卵をボウルに割りほぐす。フライパンにグレープシードオイルをうすくひいて熱し、薄焼き卵を作る。5mm幅に切る。

4. ボウルにご飯を入れ、①のきゅうり、大葉、鰻、いりごまを加え混ぜる。

5. 器に④を盛り、上から②、③のいんげん、卵、枝豆を飾る。

ひとことMEMO

鰻をご飯に混ぜ込んでいます。
きれいに並べると、
お手頃な食材で華やかになります。

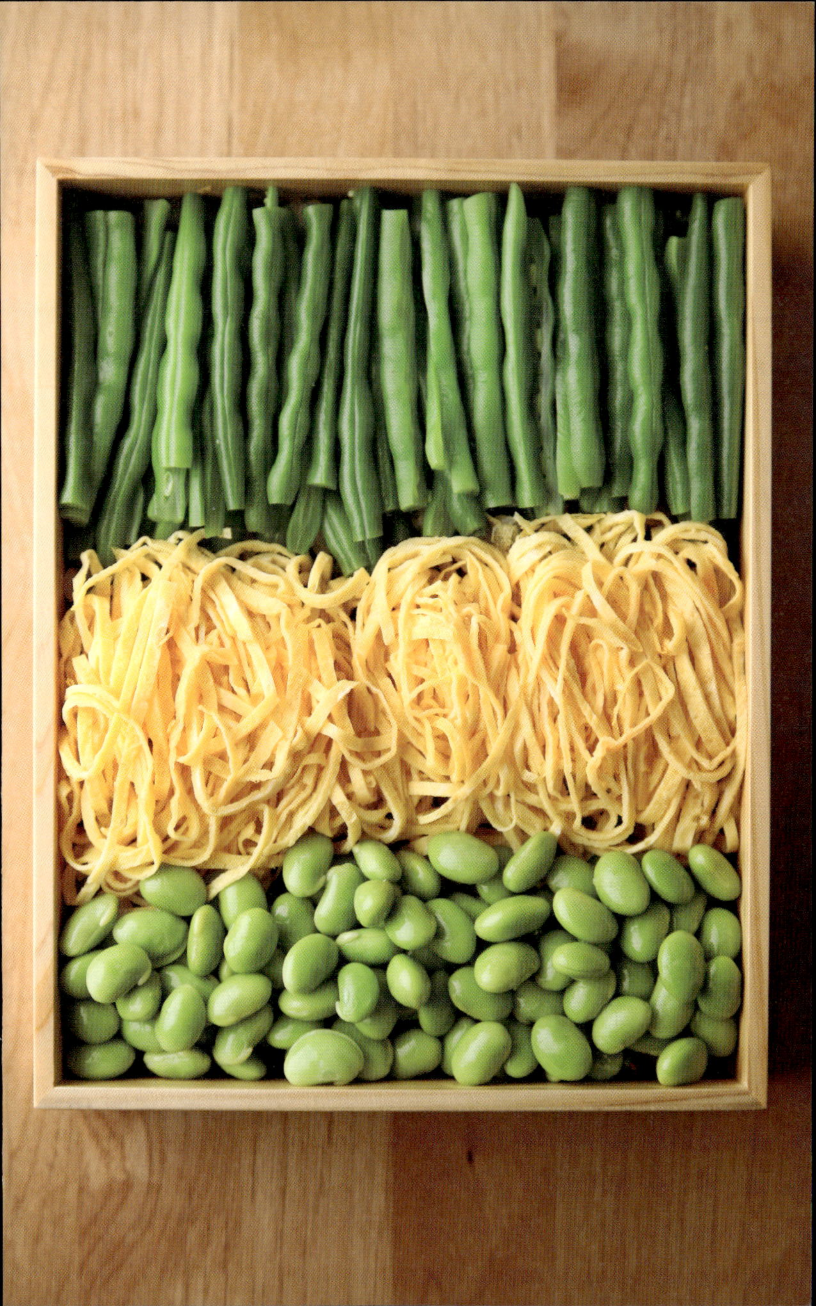

みんな大好き！ 特別な日のお弁当に

ステーキ弁当

材料　2人分
ステーキ用の牛肉 ……… 2枚
小松菜 ……………………… ¼束
ご飯 ………………………… 380g
ゆかり ………………… 小さじ½
梅干し（好みで）……… 2個
塩・こしょう ……………… 適量

作り方

1 小松菜はゆでて、食べやすい大きさに切る。

2 牛肉は塩・こしょうをする。グリルパンを熱し、牛肉を両面焼く。食べやすく斜めそぎ切りにする。

3 ボウルにご飯とゆかりを入れ混ぜる。

4 弁当箱に③のご飯を詰めて、②の牛肉と①の小松菜をのせる。好みで梅干しを添える。

道具MEMO

グリルパンは、表面に溝が入ったフライパンです。余分な油が落ちて、網で焼いたような焼き目をつけることができます。

ひとことMEMO

お肉にしっかり焼き目をつけると、さらにおいしく見えます。

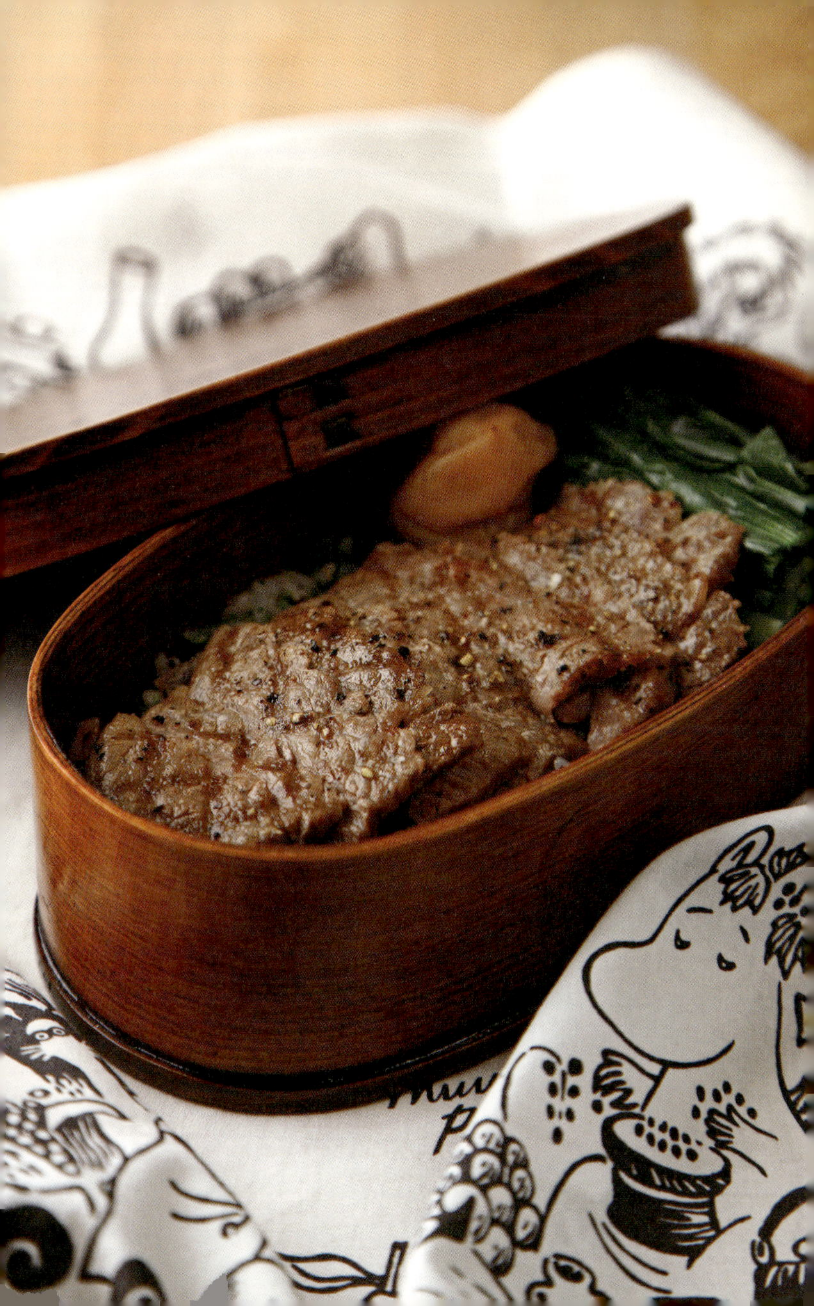

とうもろこしの甘味がおいしい。柚子が味をひきしめる

とうもろこしの炊き込みご飯

材料　2人分

米	1合
とうもろこし（生）	½本
柚子の絞り汁	大さじ1
塩	少々

♣ お好みで、炊きあがったご飯に刻んだ香菜を混ぜてもおいしいです。

作り方

1. とうもろこしはまな板に縦に置いて、包丁で上から実をそぎ落とす。

2. 米をとぎ、いつも通りに水加減をする。とうもろこしと塩を加えて炊く。

3. 炊きあがったご飯に柚子の絞り汁を加え、さっくり混ぜる。

Chapter 4
体がすっきり
リセットメニュー

豆、雑穀、海藻、野菜……体にやさしい食材で、
疲れのたまった体をリセット。

豆乳を温めるだけで完成！お手軽スープ

豆乳スープ

材料　2人分

豆乳	300 ml
えのき	1パック
万能ねぎ	適量
塩	ひとつまみ
しらす	適量
酢	少々

♣豆乳は苦手でしたが、台湾で温かい塩味のスープをいただいて、大好きになりました。

作り方

1. えのきは根元を切り落とし、2等分にしてほぐす。万能ねぎは小口切りにする。

2. 鍋で豆乳を加熱し、沸騰直前にえのきを加えて弱火で1分煮る。塩で薄味に調える。

3. 器にしらすと万能ねぎを入れ、②を注ぐ。

4. 酢を入れ、かき混ぜてから食べる。

やさしいお豆の味に、ほっこり

レンズ豆のスープ

材料　2人分

レンズ豆（乾燥）……… 100g
水 ……………………… 300㎖
オリーブオイル ……… 適量
塩・こしょう ………… 適量

♣ レンズ豆を一晩水につけておくと、煮る時間が短くてすみます。直樹には生クリームを足したりします。

作り方

1. 鍋にレンズ豆と水を入れ、一晩つけておく。

2. ①を火にかけ、沸騰したら弱火でアクをすくいながら15分煮る。

3. やわらかくなったら、泡立て器で混ぜながらつぶしてスープにする。塩で調味する。

4. 器に盛り、オリーブオイルをかけ、こしょうをふる。

蒸すだけで簡単。おいしくてヘルシー

鮭と芽キャベツの蒸しもの

材料　2人分

芽キャベツ	8個
生鮭	1切れ
タイム	1枝
かぼちゃ	1/8個
まいたけ	1/2パック
オリーブオイル	適量
塩	適量
こしょう	適量
レモン	1/4個

作り方

1. 鮭は一口大のそぎ切りにして、塩を軽くふる。オリーブオイル大さじ1とタイムで下味をつける。

2. かぼちゃは5mmの厚さに切る。鮭、かぼちゃ、芽キャベツ、まいたけを蒸し器に入れて10〜15分蒸す。

3. オリーブオイルに塩、こしょうを振って添える。レモンも切って添える。

ひとことMEMO

蒸し器は便利！　わが家では
ご飯を温めるときにも使っています。

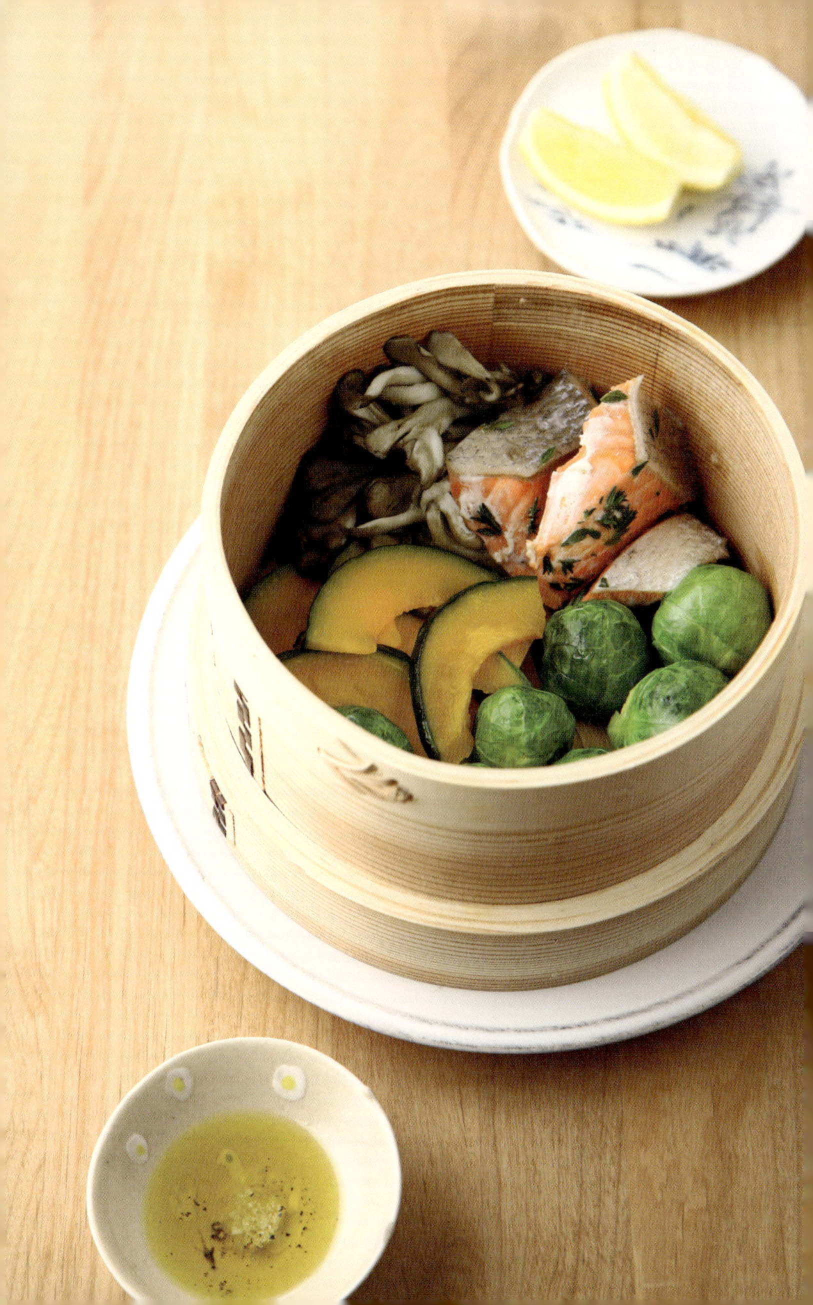

甘さと塩気のバランスがおいしい！

黒いおかゆ

材料　2人分
- はと麦 ────── 大さじ1
- 小豆 ─────── 大さじ3
- 黒米 ─────── 大さじ3
- 雑穀米 ────── 大さじ3
- アマランサス（雑穀） ── 大さじ1
- そば米 ────── 大さじ1
- 水 ───────── 500ml
- 塩 ──────── ひとつまみ
- 黒砂糖 ────── 大さじ2

作り方

1. 圧力鍋に、はと麦、小豆、黒米、雑穀米、アマランサス、そば米、水を入れて1時間つけておき、強火にかける。圧力がかかったら弱火にして、8分加熱する。火を止め、安全装置が下がるまで自然放置する。

2. ふたをあけ、塩、黒砂糖で味付けをする。

♣ 好きな雑穀をいろいろ試して楽しんでみてください。

おやつ感覚で。甘いので子どもにも大人気

おかひじきのごまあえ

材料　2人分
おかひじき ………… 1パック
白練りごま ………… 大さじ2
しょうゆ …………… 大さじ½
メープルシロップ ‥ 大さじ½

♣ 甘いごまあえは子どもは大好きです。野菜のごまあえ以外に、白玉にかけておやつにしたこともあります。ごまあえはきっちり分量通りじゃなくても、おいしく作れる気がします。

作り方
1. おかひじきはゆでて水気を切り、3cmくらいに切る。
2. ボウルに白練りごま、しょうゆ、メープルシロップを入れよく混ぜる。おかひじきを加えてあえる。

体がすっきりリセットメニュー Chapter ❹

豪快に混ぜて召し上がれ

筑波おろしプラスアルファ

材料　2人分
大根	300g
木綿豆腐	200g
白いりごま	適量
松の実	適量
キムチ	適量
しらす	適量
しょうゆ	適量

作り方

1　大根は鬼おろし器で粗くすりおろす。ボウルに大根おろしと木綿豆腐を入れ、豆腐を崩しながらざっくり混ぜる。白いりごまと松の実はフライパンで軽く炒っておく。

2　①を器に盛り、キムチとしらすをのせて、ごまと松の実を散らし、しょうゆを垂らす。食べるときは全体をよく混ぜる。

ひとこと MEMO

粗めの大根おろしと豆腐を混ぜたものを、ばあちゃんが「筑波おろしだ」と言うので私もそう思っていたのですが……
さだかではありません（笑）。

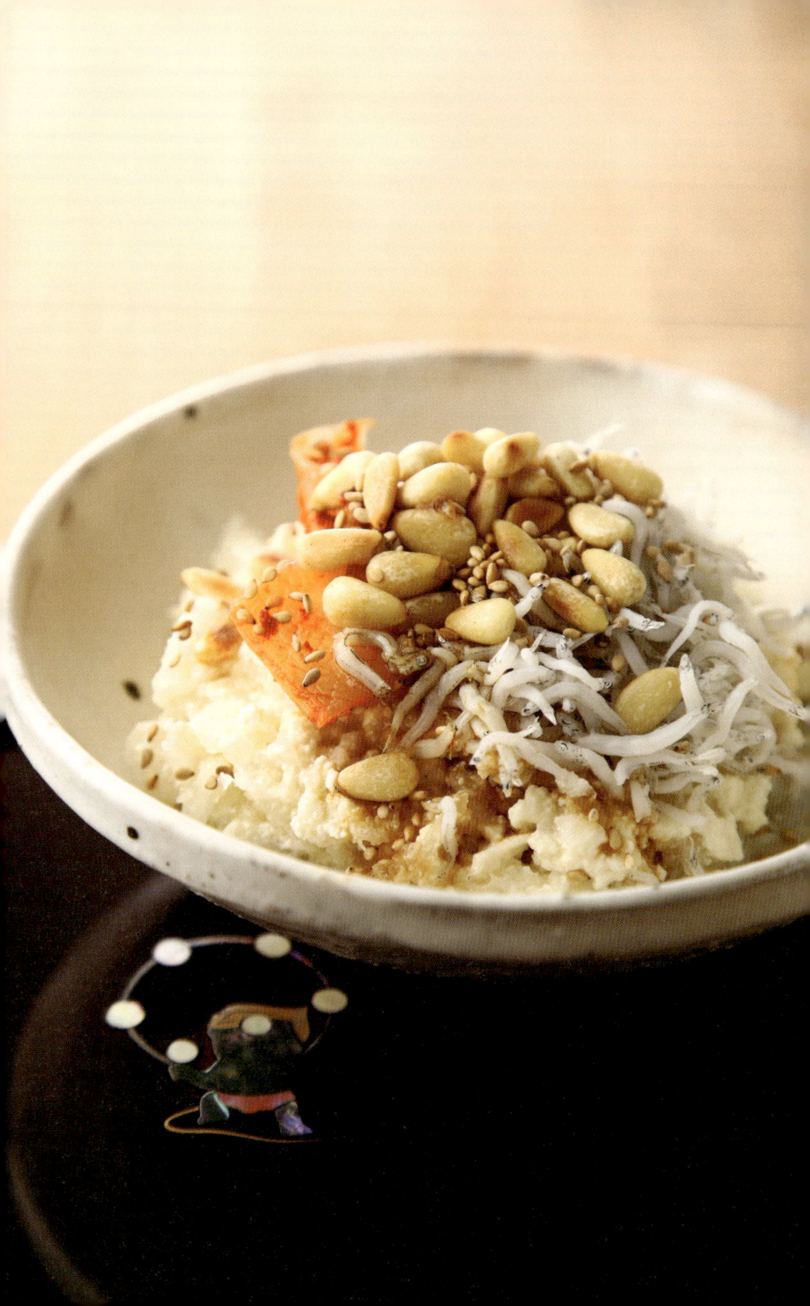

冷蔵庫にあると、とっても便利

浸す煮物

材料　2人分
ブロッコリー ……………… 1/2株
里芋 ………………………… 4個
ごぼう ……………………… 1本
にんじん …………………… 1/2本
だし ………………………… 500㎖
塩 …………………… 小さじ1と1/2

♣ 野菜が熱いうちにだしに入れると、味がしみやすいです。薄味できれいな色の煮物を作るのが難しいので、試してみました。

作り方

1. ブロッコリーは小房に分ける。里芋は皮をむき、1㎝の輪切りにする。ごぼうはよく洗い、皮付きのまま3㎝長さに切る。にんじんは大きめの乱切りにする。蒸し器に入れ、ごぼうは8分、里芋は6分、にんじんは5分、ブロッコリーは2分ほど、火が通るまで蒸かす。

2. 容器にだしと塩を入れ、よく混ぜる。①の野菜を入れ、冷蔵庫で半日から一晩寝かす。

お酢の風味でひときわおいしい

しらすご飯

材料　2人分
しらす……………………100g
ごま油……………………小さじ4
塩…………………………ひとつまみ
白いりごま………………小さじ2
青ねぎ……………………1本
ご飯（五穀米）…………適量
島唐辛子入り酢（好みで）
……………………………適量

♣ お酢に島唐辛子を入れておくと、辛いお酢ができます。見た目が可愛いので、島唐辛子を使っています。

作り方
1. ボウルにごま油と塩を入れ混ぜる。しらす、いりごま、小口切りにした青ねぎを加えてあえる。

2. 茶碗にご飯を盛り、①をのせる。好みで、唐辛子入りの酢をかける。

材料MEMO

ごま油をオリーブオイルにしてもおいしくいただけます。

体がすっきりリセットメニュー　Chapter 4

冷製パスタ風でランチにぴったり

カッペリーニ風トマトそうめん

材料　2人分
そうめん ……………………… 150g
トマト ………………………… 3個
エルブ・ド・プロヴァンス
……………………………… 小さじ⅓
塩 …………………………… 小さじ⅓
オリーブオイル ………… 大さじ4
バジル（好みで）…………… 適量

作り方

1. トマトは5mm角に切る。ボウルに入れてエルブ・ド・プロヴァンス、塩、オリーブオイルを加えてよく混ぜる。

2. そうめんをゆでる。ザルにあげ冷水でよく洗い、水気をしっかり切る。

3. ①にそうめんを加えてよくあえる。塩で味を調え、好みでバジルを入れる。

ひとこと MEMO

そうめんの水気をよく切ると、トマトの味をよく吸い込みます。稲庭うどんで作ってもおいしいです。夏の暑い日によく作ります。

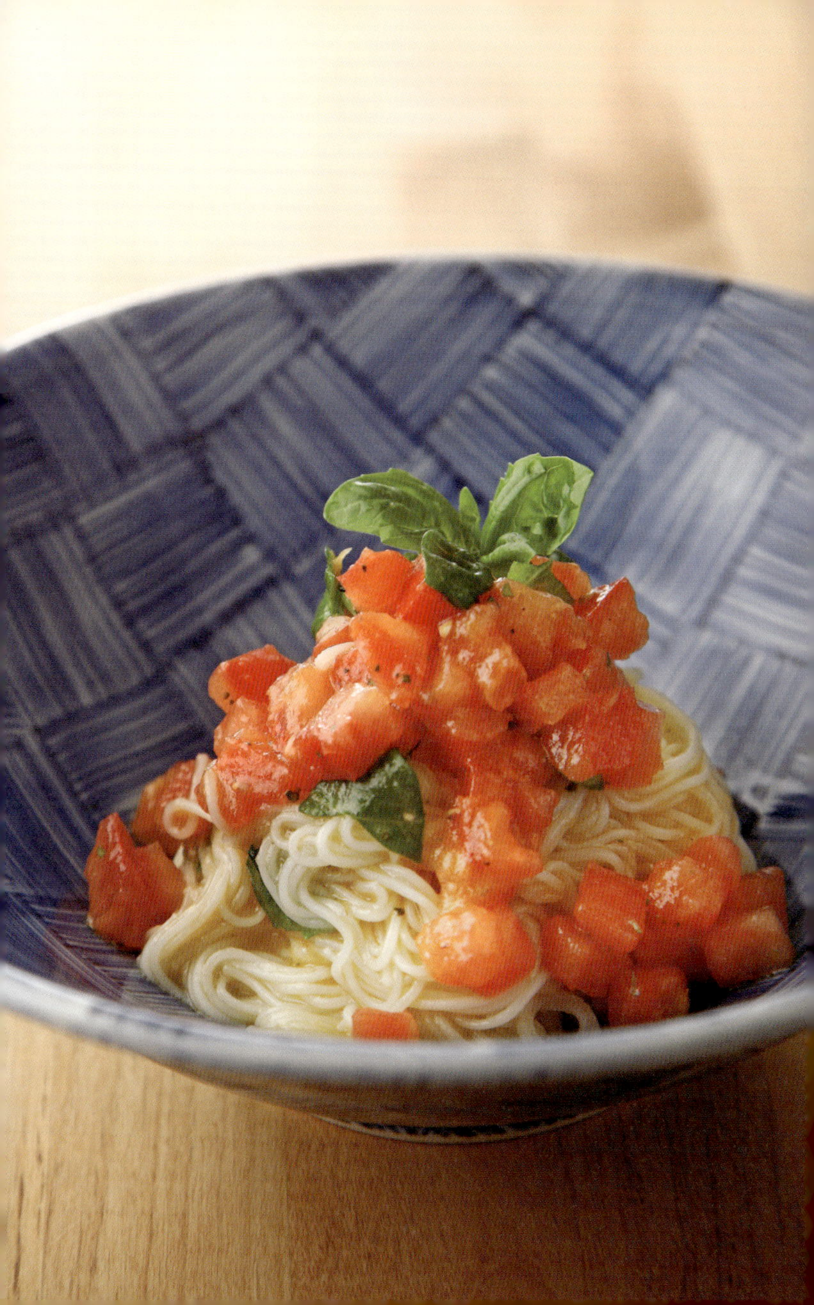

おいしいスープをすくって食べて

あさりの酒蒸し

材料　2人分
あさり …………………………… 250g
にんにく ………………………… 1片
玉ねぎ …………………………… ½個
酒 ………………………………… 大さじ2
オリーブオイル ………………… 適量

作り方

1. あさりは砂だしをして、にんにくと玉ねぎはみじん切りにする。

2. フライパンにオリーブオイルを熱し、にんにくを炒める。香りが出てきたら玉ねぎを加え軽く炒める。

3. あさりを加え、酒を注いでフランベをしてアルコール分をとばし、ふたをする。あさりの口が開いたら出来上がり。

ひとことMEMO

私はカルヴァドスというりんごのブランデーで作ります。これを作るときは火が上がるので、直樹を「見て見てー」と呼びますが、最近は飽きてきたみたいです（笑）。

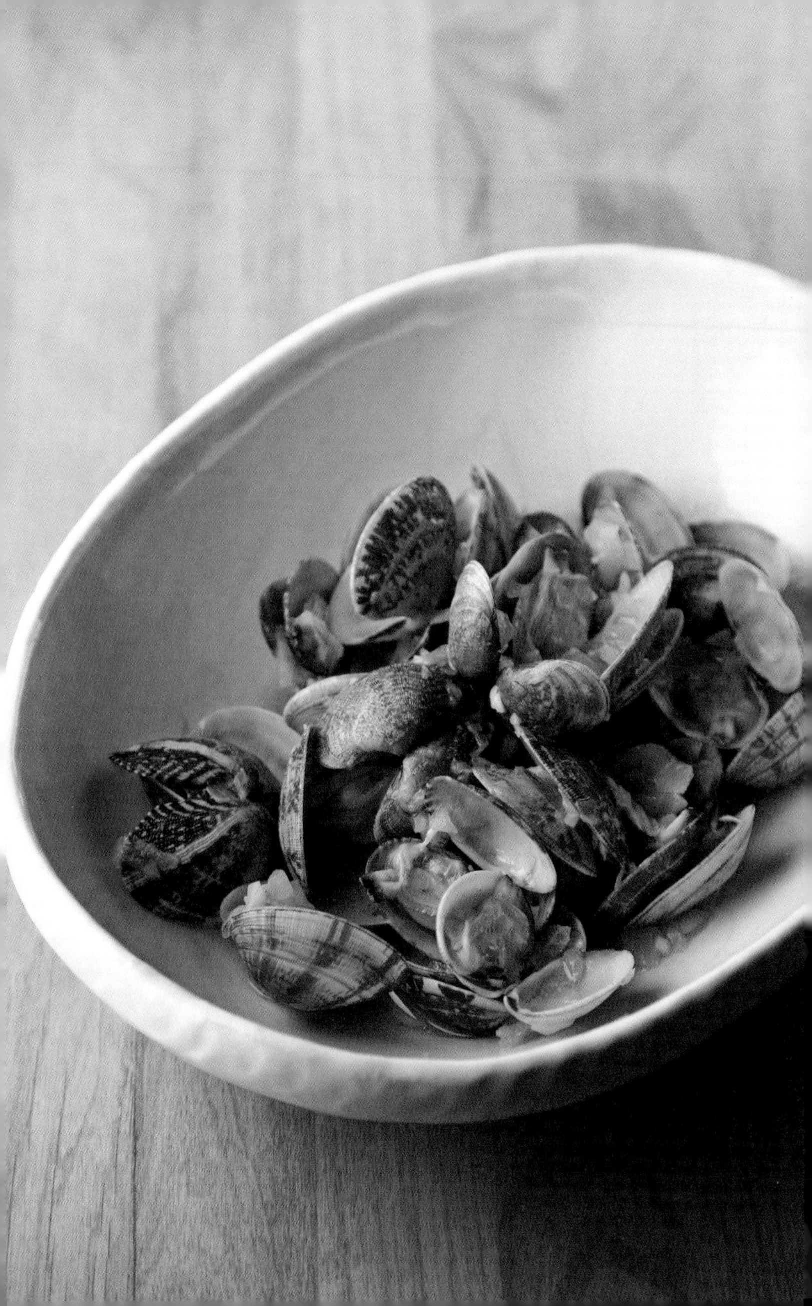

黒酢で疲れがとれる、ボリュームたっぷりヘルシーサラダ

きのことアボカドのホットサラダ

材料　2人分

トレビス	2枚
ベビーリーフ	1パック
チコリ	2枚
アボカド	½個
しめじ	1パック
まいたけ	½パック
にんにく	1片
黒酢	大さじ1
カッテージチーズ	適量
オリーブオイル	大さじ2
黒こしょう	少々
塩	少々

作り方

1. トレビス、ベビーリーフ、チコリなど葉物類は一口大にちぎり、水にさらしパリッとさせる。水気を切っておく。

2. アボカドは皮と種を取り2㎝角に切る。しめじは石づきを落としてほぐし、まいたけもほぐす。にんにくは半分に切り芯を取る。

3. フライパンににんにくとオリーブオイル大さじ1を入れ弱火で熱し、香りが出てきたら、きのこを加えて炒める。黒酢と塩を加えて味を調える。

4. 器に葉物類をしき、上からアボカドとカッテージチーズをのせて、③のきのこをちらす。オリーブオイル大さじ1をかけ、塩・黒こしょうをふる。

ひとこと MEMO

ナッツ類を加えると、栄養価も高くなります。
カッテージチーズはとても便利なので、
冷蔵庫に入っている日が多いです。
そのままで食べることもよくあります。

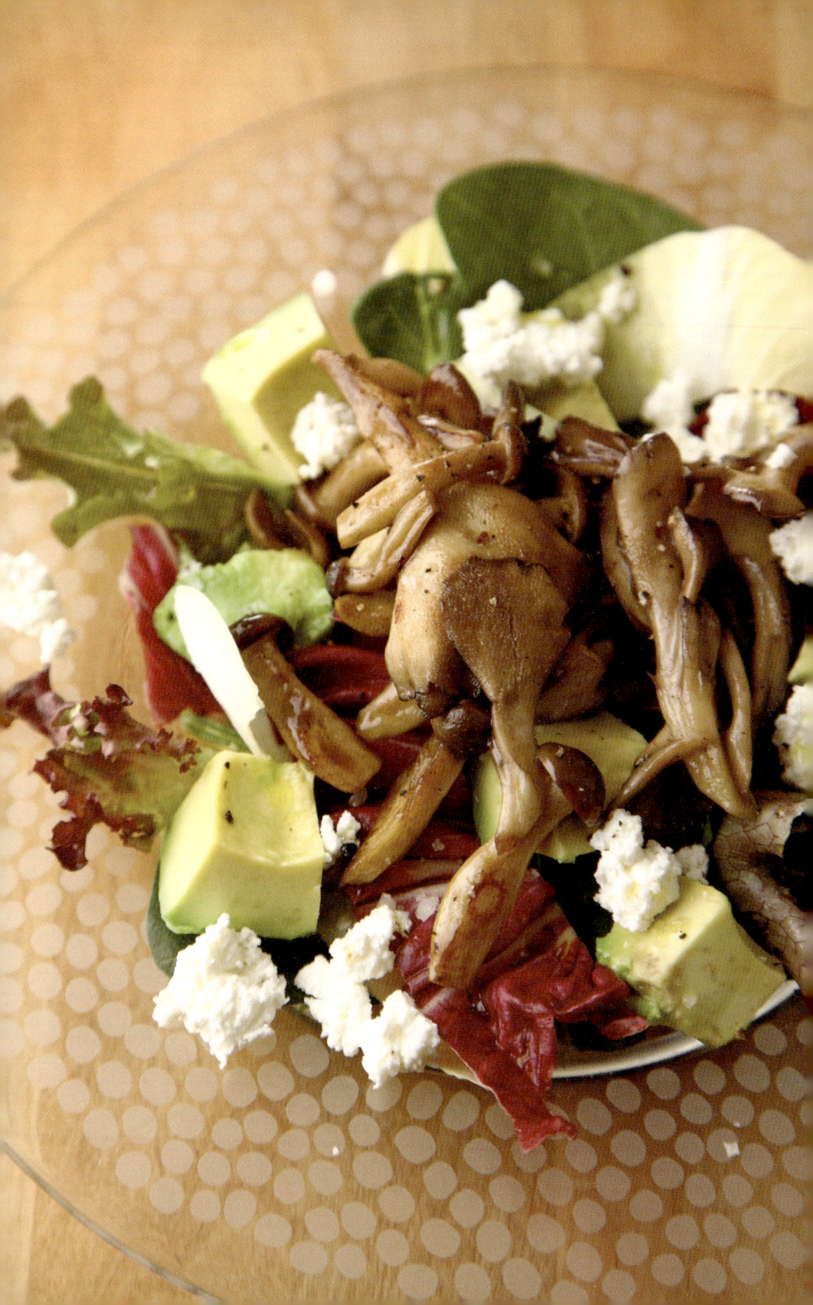

あと一品欲しいときに、さっと作れる副菜に

シャリシャリ長いものガーリックソテー

材料　2人分
長いも ……………………… 400g
にんにく ………………… 大1片
オリーブオイル
……………………… 大さじ1と1/3
塩 ………………………… ふたつまみ

作り方
1. 長いもは皮をむき、一口大の乱切りにする。にんにくはみじん切りにする。

2. フライパンにオリーブオイルとにんにくを入れ弱火で熱し、長いもを加え炒める。少し歯ざわりが残るくらいまで炒め、塩で調味する。

♣ 直樹が幼稚園のとき、お誕生日に何が食べたい？と聞くと、「白いシャリシャリの！」と即答。てっきりハンバーグ！とか言われると思っていたので驚きましたが、作った料理を覚えていてくれるのは幸せなことだな、と思いました。

Chapter 5
忙しいときにあると便利な常備菜

もう一品欲しいときに出したり、
アレンジしたりと、いろいろ使えて便利。
時間のあるときに多めに作っても。

そのままでも、バゲットにのせてもおいしい

かきのオイル漬け

材料（作りやすい分量）
生かき ……………………………… 20粒
大根おろし ………………………… 適量
オリーブオイル …………………… 適量
にんにく（薄切り）……………… 1片
ディル（ハーブ）………………… 適量

作り方
1. ボウルにかきと大根おろしを入れもみ洗いし、さらに水洗いして汚れを取り除く。

2. フライパンにオリーブオイルをうすくひいて熱し、かきを並べしっかり火を通す。

3. 保存容器にかき、かきを焼いたときに出た汁、にんにく、ディルを入れ、かきがかくれるまでオリーブオイルを注ぎ、冷蔵庫に入れてマリネする。

ひとこと MEMO

20〜30分でおいしく食べられます。

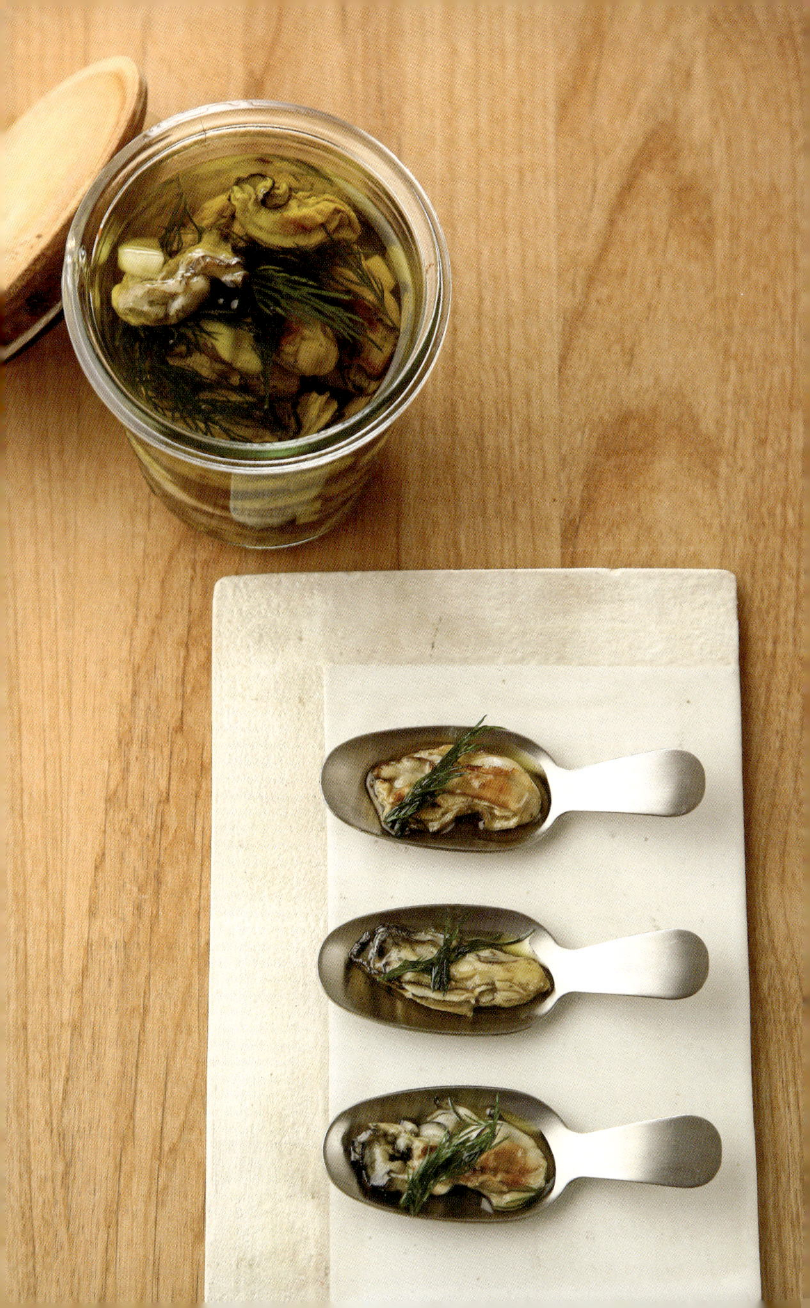

「かきのオイル漬け」の油を使って

菜の花と生ハムのパスタ

材料　2人分

菜の花	1束
生ハム	8枚
にんにく	1片
たかのつめ	1本
かきのオイル漬けのオイル	大さじ2
スパゲッティー	160g

作り方

1. にんにくはみじん切りにする。生ハムは食べやすい大きさに、菜の花は半分に切る。

2. フライパンにかきのオイル大さじ1を弱火で熱し、にんにくとたかのつめを入れて炒める。

3. にんにくの香りがでてきたら、生ハムを入れ炒める。

4. スパゲッティーをゆでる。ゆであがる1分前に菜の花を入れ一緒にゆでる。同時にパスタのゆで汁80mlを③のフライパンに入れて煮詰める。

5. ゆであがったスパゲッティーと菜の花を、④のフライパンに入れてよくあえる。かきのオイル大さじ1を入れ、混ぜ合わせて風味をつける。

ひとこと MEMO

かきのオイル漬けのオイルがもったいないと思って作りました。

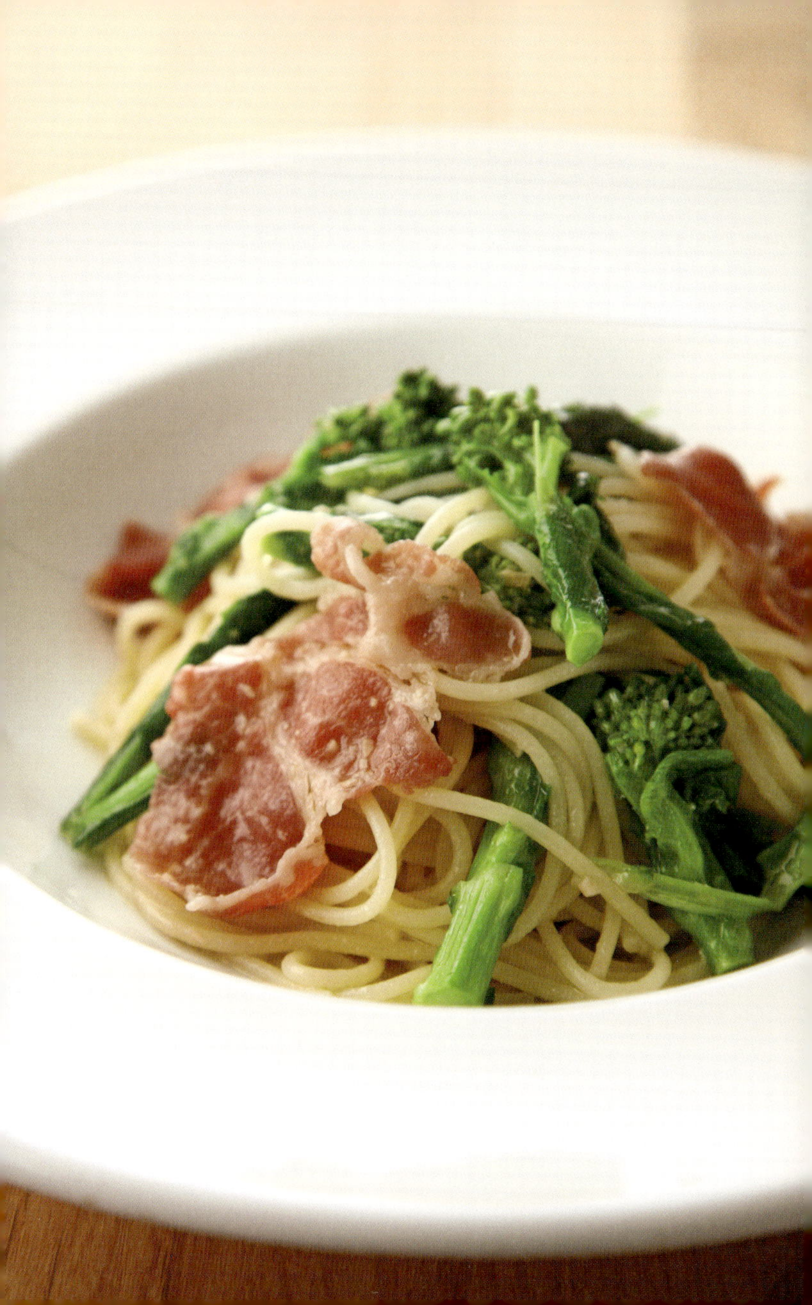

メープルシロップのやさしい甘味がおいしい

鶏レバーの煮物

材料　2人分
鶏レバー ……………………… 250g
しょうが ……………………… 1かけ

≪タレ≫
酒 …………………………… 大さじ5
しょうゆ …………………… 大さじ2
メープルシロップ ‥ 大さじ2

♣ゆっくりじっくり煮詰めてください。

作り方

1 レバーは食べやすい大きさにカットして、血の塊を包丁で取り除き、水でよく洗う。

2 しょうがは皮をむき、千切りにする。タレの材料を合わせておく。

3 鍋にレバーとしょうがを入れ、タレを注ぐ。落としぶたをして火にかけ、沸騰したら中火で煮汁がなくなるまで煮詰める。

おやつにもおつまみにもどうぞ

落花生味噌

材料　2人分
生落花生 …………………… 100g
味噌 ………………………… 大さじ1
ハチミツ ……… 大さじ1と½
グレープシードオイル
　………………………………… 大さじ½

♣ 落花生は動かしながら、ゆっくりと時間をかけて火を通します。ばあちゃんはこれをストーブで作ってくれました。穏やかで幸せな時間でした。

作り方

1. フライパンにグレープシードオイルを弱火で熱し、落花生を入れ40分くらいかけて、ゆっくり炒める。

2. ボウルに味噌とハチミツを入れ混ぜる。火を止めた①に加え、軽くあえる。

ゆっくり煮て、味をじっくりしみこませて

鮭の昆布巻き

材料 （作りやすい分量）

生鮭	3切れ
早煮昆布（6 cm×20 cm）	15枚
一味唐辛子	適量

≪煮汁≫

水	600㎖
酢	大さじ1
酒	大さじ3
てんさい糖	70g
しょうゆ	大さじ3

作り方

1. 鮭は1切れを5等分にする。昆布は5分ほど水につける。

2. 昆布1枚に①の鮭を1つのせ、手前から巻く。

3. 鍋に巻き終わりを下にして②を並べる。水、酒、酢を入れ、落としぶたをして強火にかける。沸騰したら中火で20〜30分ほど、アクを取りながら煮る。

4. てんさい糖を加え、5分後にしょうゆを加えてさらに20分ほど煮る。少し煮汁が残っている状態で火を止める。

5. 一口大に切ってお皿に盛り付け、一味唐辛子をふる。

ひとことMEMO
③で鍋に並べるとき、鍋の形に合わせてきっちり詰めると、昆布巻きが崩れません。

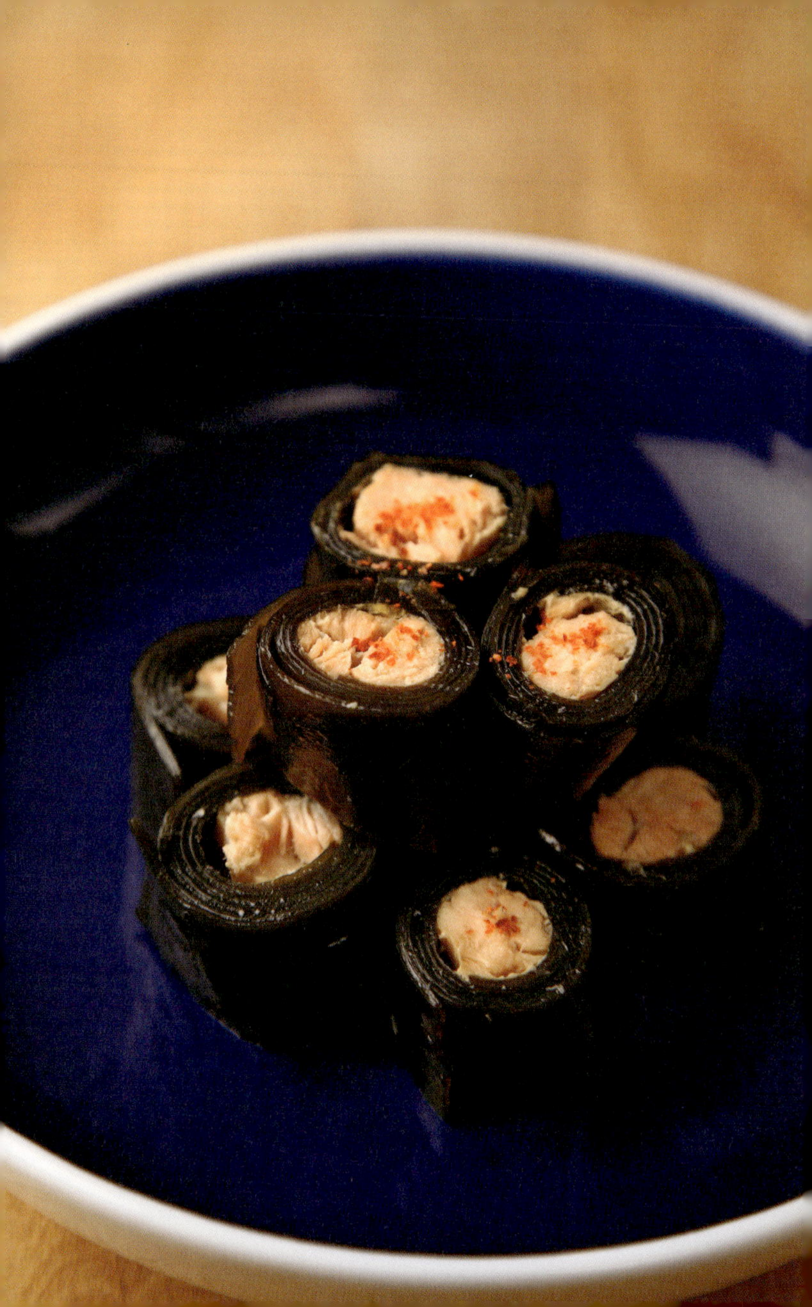

ご飯がすすむ定番常備菜
油揚げの甘煮

材料　2人分
油揚げ ……………………… 2枚
水 ………………………… 300㎖
てんさい糖 ………… 大さじ2
しょうゆ …………… 大さじ1

作り方
1. 油揚げは1枚を横半分に切り、さらに斜め半分に切る。ザルに並べ熱湯をかけて油抜きをする。

2. 鍋に水とてんさい糖を入れ火にかけ、溶けたら油揚げを加える。煮汁が1/3まで煮詰まったらしょうゆを加える。煮汁がなくなるまで煮詰める。

材料MEMO
てんさい糖は、さとうきびではなく、甜菜（ビート）から作られたお砂糖です。ビタミンやミネラルを多く含んでいます。

ひとことMEMO
しっかり煮詰めるのがポイント。焦げないように、最後まで目をはなさないでください。お赤飯によく合います。

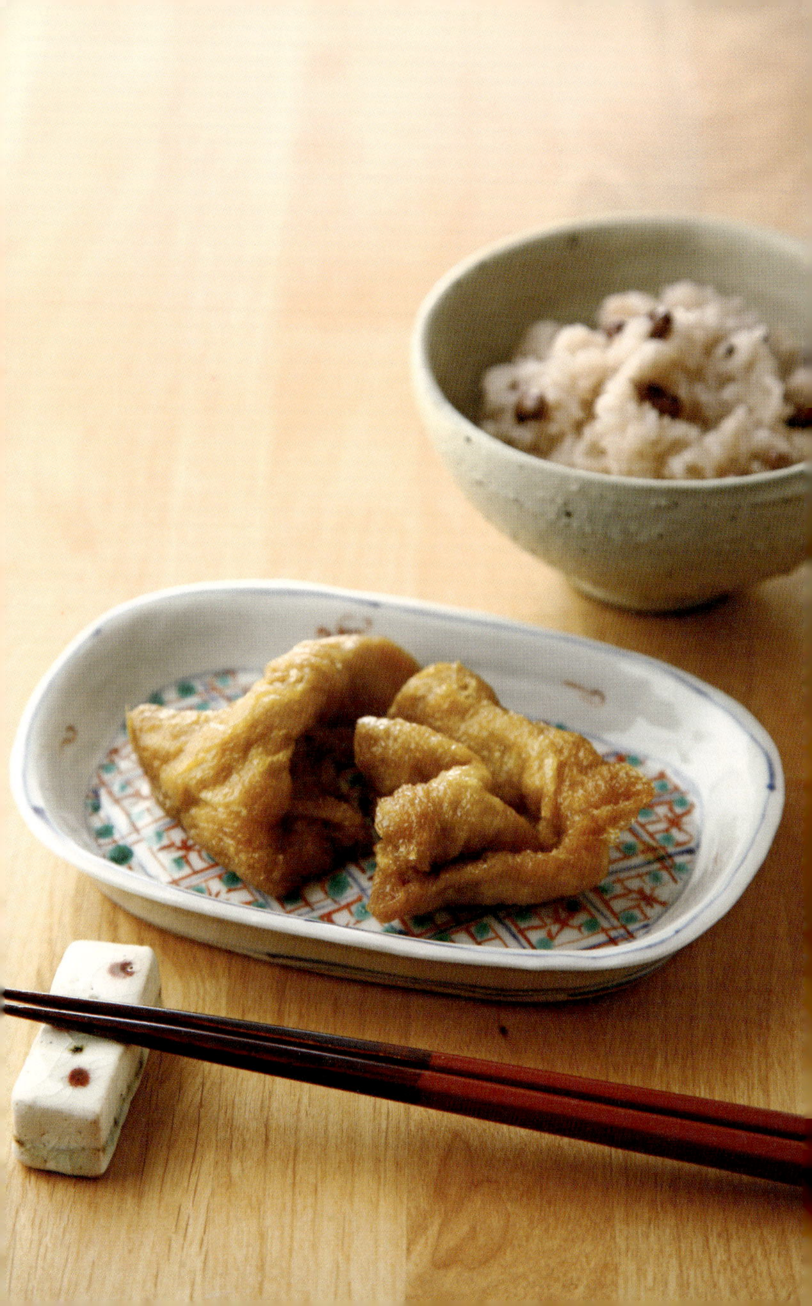

山椒がピリッときいてます

甘酢漬けしょうが

材料（作りやすい分量）
新しょうが ································ 120g
酢 ·· 200g
てんさい糖 ············ 大さじ3と½
塩 ··································· 小さじ1
山椒の実 ···················· 大さじ½

作り方

1. しょうがを薄くスライスする。熱湯で10秒ほどゆで、ザルにあげ水気を切っておく。

2. ボウルに酢・てんさい糖・塩を入れ、よく混ぜて溶かす。

3. ①を保存容器に入れて②を注ぎ、山椒を入れて2日間漬ける。保存期間は2週間ほど。

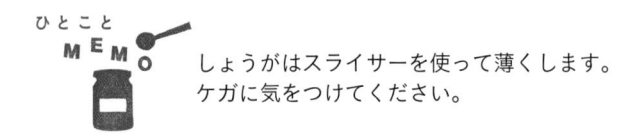

ひとこと MEMO
しょうがはスライサーを使って薄くします。
ケガに気をつけてください。

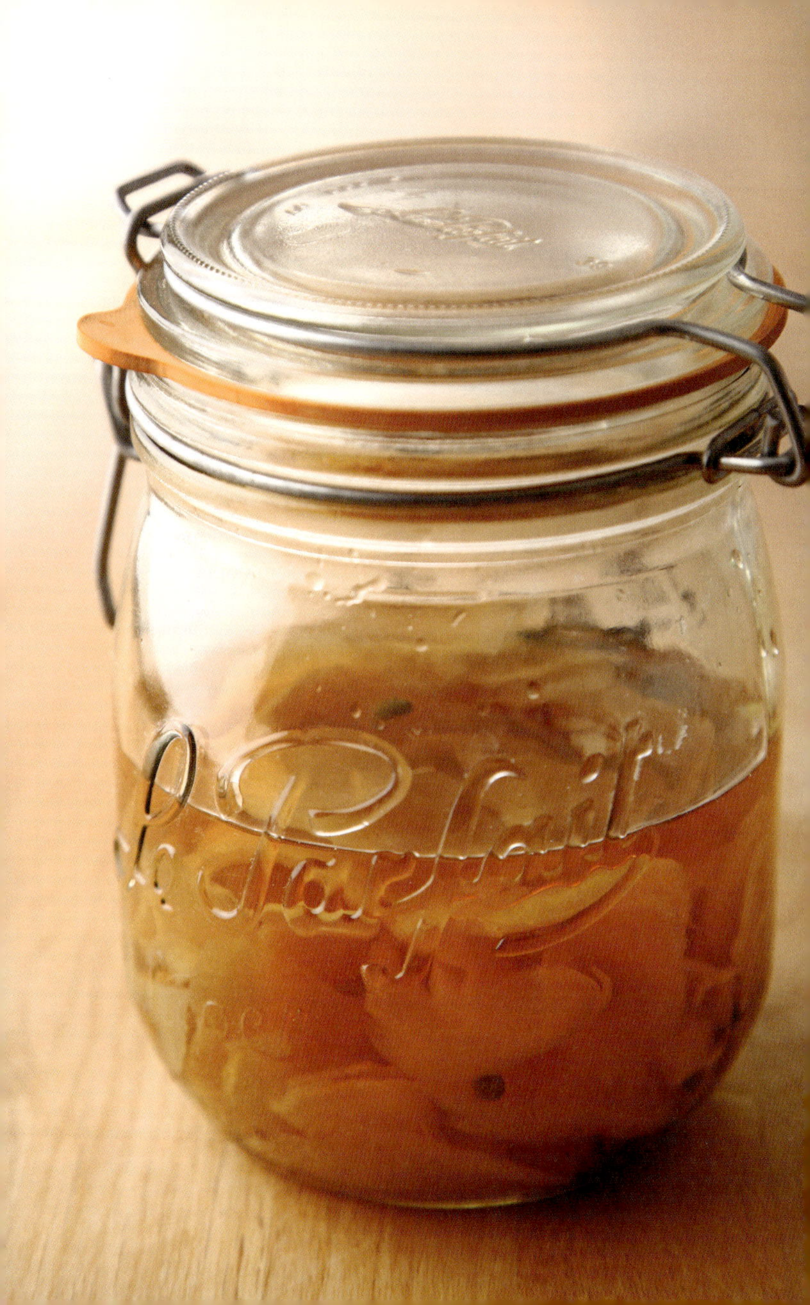
Le Parfait

甘辛ダレにしょうががアクセント

甘酢漬けしょうがの豚肉巻き

材料　2人分

豚ロース肉	8枚
甘酢漬けしょうが	適量
片栗粉	適量
オリーブオイル	適量
プチトマト	8個
塩	適量

≪タレ≫
- しょうゆ ………… 小さじ2と½
- メープルシロップ ‥ 小さじ1
- 甘酢漬けしょうがの汁 ………… 小さじ2

作り方

1. 豚肉に甘酢漬けしょうがをのせて両端を折り、手前から折りたたむように巻いていく。片栗粉を全体にまぶす。

2. フライパンにオリーブオイル大さじ1を熱し、①を両面焼く。

3. タレの材料を混ぜ合わせ、②に加えてからめる。

4. プチトマトを半分に切り、オリーブオイルと塩であえる。

ひとこと MEMO

豚肉なのでしっかりと火を通してください。

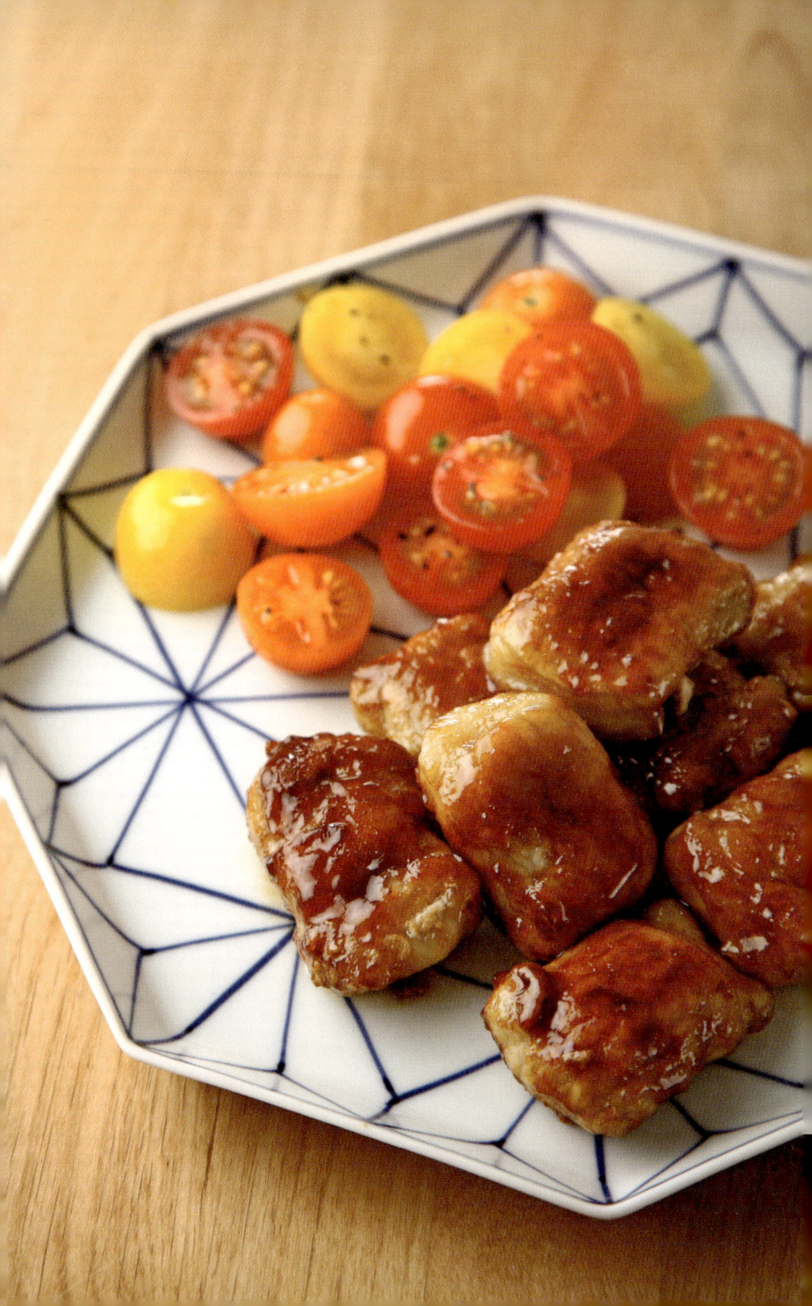

私のこだわり ②

フライパン

私が料理を作るときに欠かせないのが、
料理の先生に教えていただいた
ドイツのメーカー、タークのフライパン。
「100年使える鉄のフライパン」という
この少し重いけれど熱伝導がとてもいい
フライパンを使えば、魔法みたいに、
お肉、お魚、野菜、トースト、
なんでもおいしく焼けるんです。
フライパンにしては価格は少し高めですが、
毎日大切に使っています。

Chapter 6

心がほっとする
スイーツ&ドリンク

甘いものを食べるときって、幸せ。

オーブンいらずのお手軽レシピで、

心なごむ時間を過ごしてみてください。

クリーミーで、とろけるおいしさ

豆乳蒸しプリン

材料（プリンカップ90ml 5個分）

全卵	2個	≪カラメルソース≫	
卵黄	1個分	てんさい糖	100g
てんさい糖	50g	お湯	大さじ1
豆乳	240ml		
バニラビーンズ	½さや		

作り方

1 カラメルソースを作る。鍋にてんさい糖を入れて火にかけ、カラメル色になったら、お湯を加え混ぜる。温かいうちにプリンカップに流す。

2 ボウルに全卵と卵黄を入れ混ぜる。

3 バニラビーンズは縦半分に切り、中の種を取り出す。鍋に豆乳・バニラビーンズ・てんさい糖を入れ軽く温める（50℃くらい）。②に加え混ぜ、ザルでこして①に流し入れる。

4 蒸気の立った蒸し器に入れ、はじめは強火で30秒、次はごく弱火にして15～20分蒸す。

5 粗熱が取れたら、冷蔵庫に入れて冷やす。

ひとこと
MEMO

蒸すときに火が強いとスが立ちやすいので、
ごくごく弱火にすると、
なめらかな食感になります。

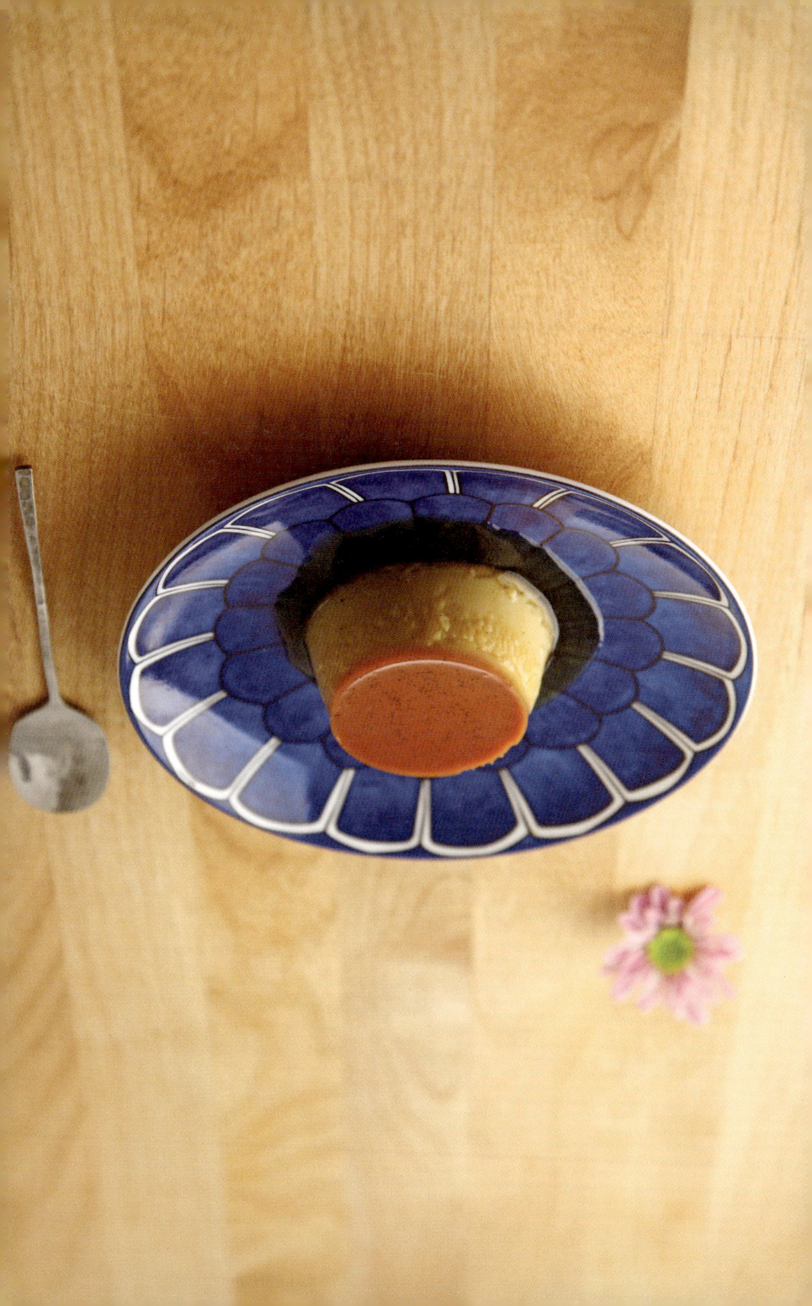

甘じょっぱさが、たまらない

大豆のお菓子

材料　2人分

炒り大豆 ……………………… 100g
バター ……………………………… 20g
てんさい糖 …………… 大さじ3
しょうゆ ……… 大さじ1と½
白いりごま ………… 大さじ2
青のり ……………………… 大さじ2

♣ しょうゆを加えたら、焦げやす
いので火を止めて素早く混ぜ合
わせます。

作り方

1 フライパンにバターとてんさ
い糖を入れ、混ぜながら火に
かける。ふつふつとしてきた
ら、炒り大豆を加える。

2 よくからめたら火をとめてし
ょうゆを加え、最後に白いり
ごま・青のりをふり混ぜる。

炊飯器でかんたん！ 独特の甘味がくせになる

甘酒

材料（作りやすい分量）

米 ……………………………… 1合
生糀 ……………………………… 500g
水 ……………………………… 350㎖

♣生糀はスーパーでは手に入りにくいですが、ネットなら手軽に買えます。私はヨーグルトメーカーで作っています。

作り方

1 といだ米と水（分量外：「おかゆ」または「3合」の目盛まで）を炊飯器に入れ、おかゆモードでおかゆを作り、炊きたてに水を加えて混ぜる。60℃まで冷まし、生糀を入れる。

2 炊飯器の保温ジャーのスイッチを入れ、ふたはせずに上からタオルをかけ、時々かき混ぜながら5〜6時間保温する。飲んでみて、甘みが出ていれば出来上がり。

心がほっとするスイーツ＆ドリンク Chapter **6** 97

フライパンで手軽に作れます

なんとなくスイートポテト

材料　2人分

さつまいも ………………………… 250g
バター …………………………………… 30g
塩 ……………………………… ひとつまみ
シナモン ………………………………… 少々
メープルシロップ ……………… 適量

作り方

1 さつまいもは蒸し器で蒸かすか、ラップをして500Wの電子レンジに5分かける。

2 おろし器ですりおろす。

3 フライパンにバターを入れ火にかけ、溶けてきたら塩を加える。さつまいもを入れて焼き、裏返しながら焼き色をつける。

4 器に盛り、上からシナモンをふり、メープルシロップをかける。

ひとこと
MEMO

さつまいもを焼くときは、
あまり動かさずにゆっくり焼き色をつけて。

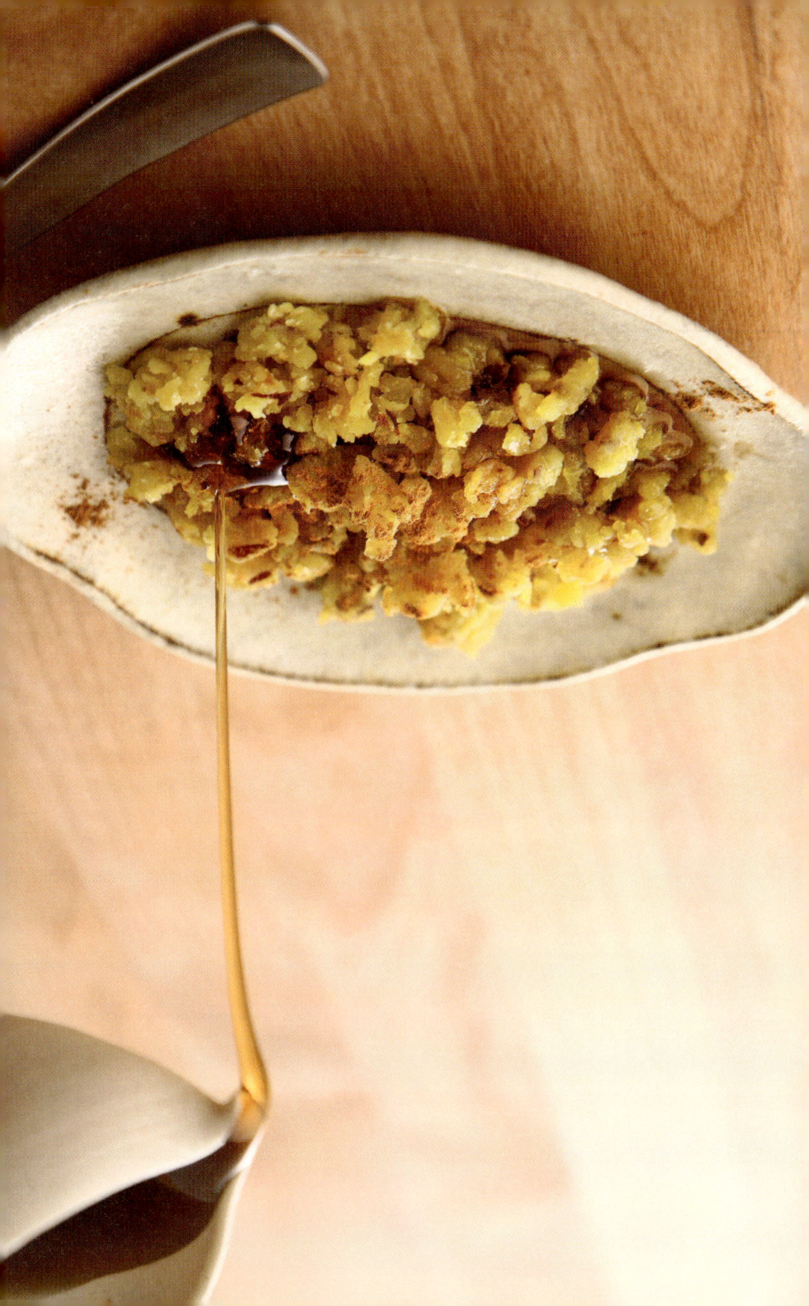

お湯で割ってもおいしい

手作りジンジャーエール

材料　2人分

しょうが	120g
メープルシロップ	140g
カルダモン（スパイス）	10個
クローブ（スパイス）	5個
炭酸水	適量
氷	適量

♣ 辛いのが苦手な人は、クローブを減らしてください。

作り方

1 しょうがをすりおろす。カルダモンはさやから種を出しておく。

2 鍋に、①、メープルシロップ、クローブを入れ火にかける。沸騰したら弱火で5分煮て、ザルでこす。

3 グラスに氷を入れ、②を適量入れ炭酸水を注ぐ。

甘いあずきとヨーグルトの意外な取り合わせが絶妙！

あずきヨーグルト

材料　2人分

プレーンヨーグルト …… 適量
ゆであずき（缶）………… 適量
黒すりごま ………………… 適量

♣ゆであずきの量で甘みが決まる
　ので、お好みの量で。

作り方

1 器にヨーグルトを盛り、上か
らゆであずき・黒すりごまを
かける。

アーモンドのような香りのお酒、アマレットで大人のデザート

ごまりんご

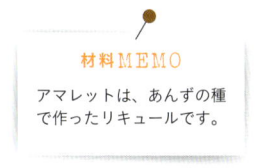

材料　2人分
りんご ………………………… 1個
アマレット ……………………… 大さじ2
黒練りごま ……………………… 大さじ3

材料MEMO
アマレットは、あんずの種
で作ったリキュールです。

作り方

1 りんごは一口大に切り、ボウルに入れ、アマレットであえる。

2 器に黒練りごまをしき、りんごをのせる。

ひとこと MEMO

アマレットに長く漬けておくと
苦みを感じるので、軽くあえます。

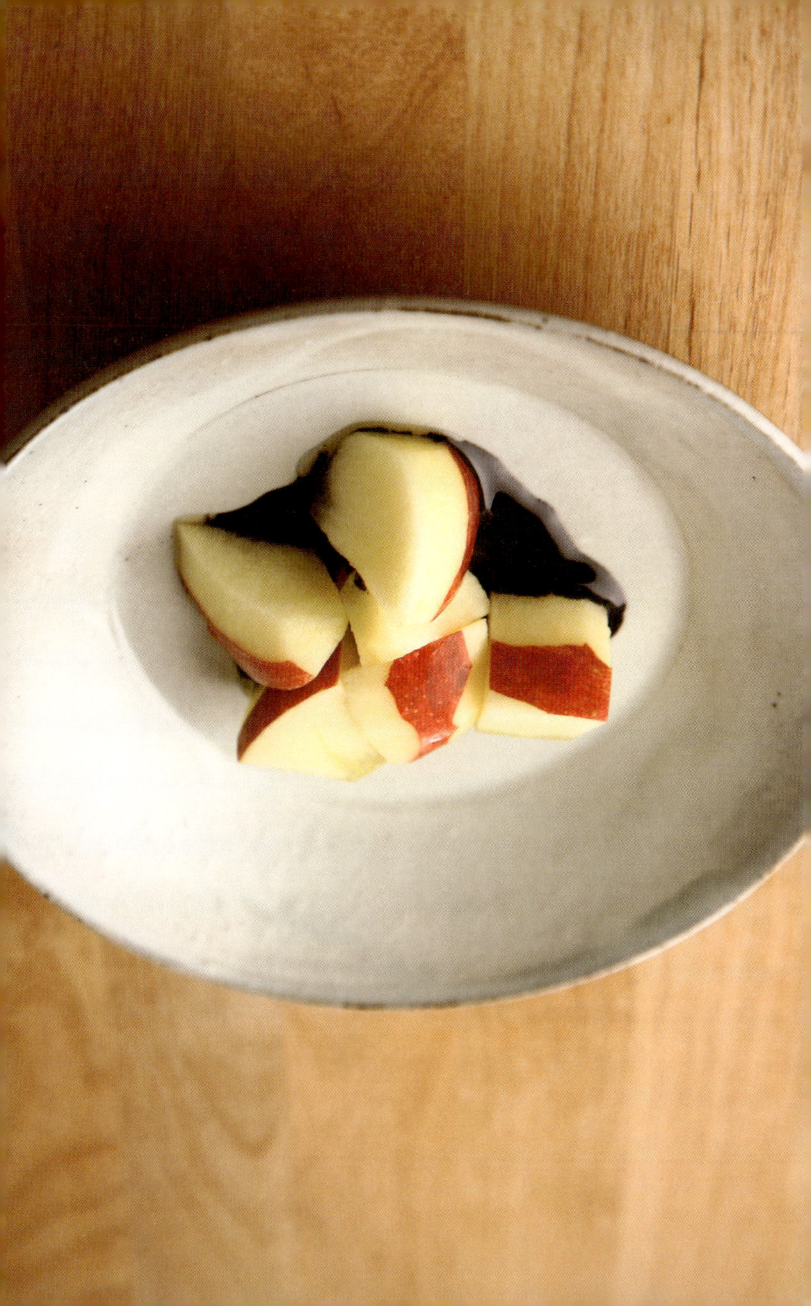

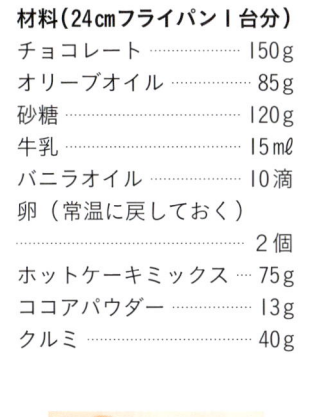

オーブンがなくてもできるんです

ブラウニー

材料（24cmフライパン1台分）

チョコレート	150g
オリーブオイル	85g
砂糖	120g
牛乳	15㎖
バニラオイル	10滴
卵（常温に戻しておく）	2個
ホットケーキミックス	75g
ココアパウダー	13g
クルミ	40g

作り方

1 チョコレートを湯せんにかけて溶かし、オリーブオイルを加え混ぜる。

2 てんさい糖を加えて泡立て器でよく混ぜたら、牛乳とバニラオイルを加え混ぜる。

3 ボウルに卵を割り入れて混ぜる。②に3回に分けて加え、その都度完全になじむまでよく混ぜる。

4 ホットケーキミックスとココアをふるい入れ、混ぜる。

5 フライパンにクッキングシートをしき、生地を流す。上から刻んだクルミを散らす。

6 ふたをして強火で1分加熱し、ごく弱火にして35～40分加熱する。火を消して、ふたをしたまま10分蒸らす。

ひとこと
MEMO

生地の真ん中は火が通りにくいので、
少しへこませて焼いてください。

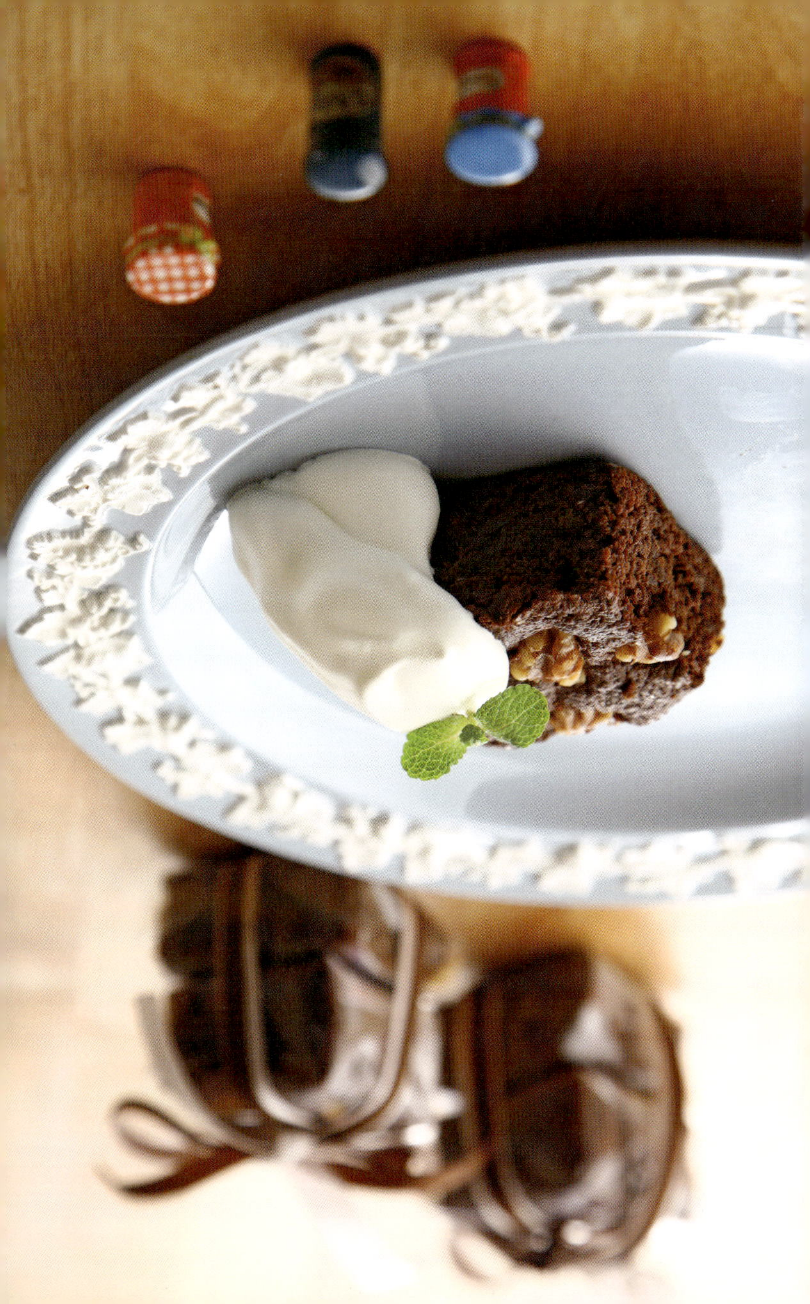

さわやかミントで、ほっとひと息。

カフェ風ハーブティー

材料　2人分
スペアミント（生）…………… 4 g
しょうが（薄切り）…………… 4枚
たかのつめ ……………………… 1本
熱湯 ……………………………… 400㎖

作り方
1 ティーポットに、スペアミント・しょうが・たかのつめを
　入れ、熱湯を注ぐ。

2 3分抽出して、カップに注ぐ。

ひとこと
MEMO

レモングラスを加えてもおいしいです。

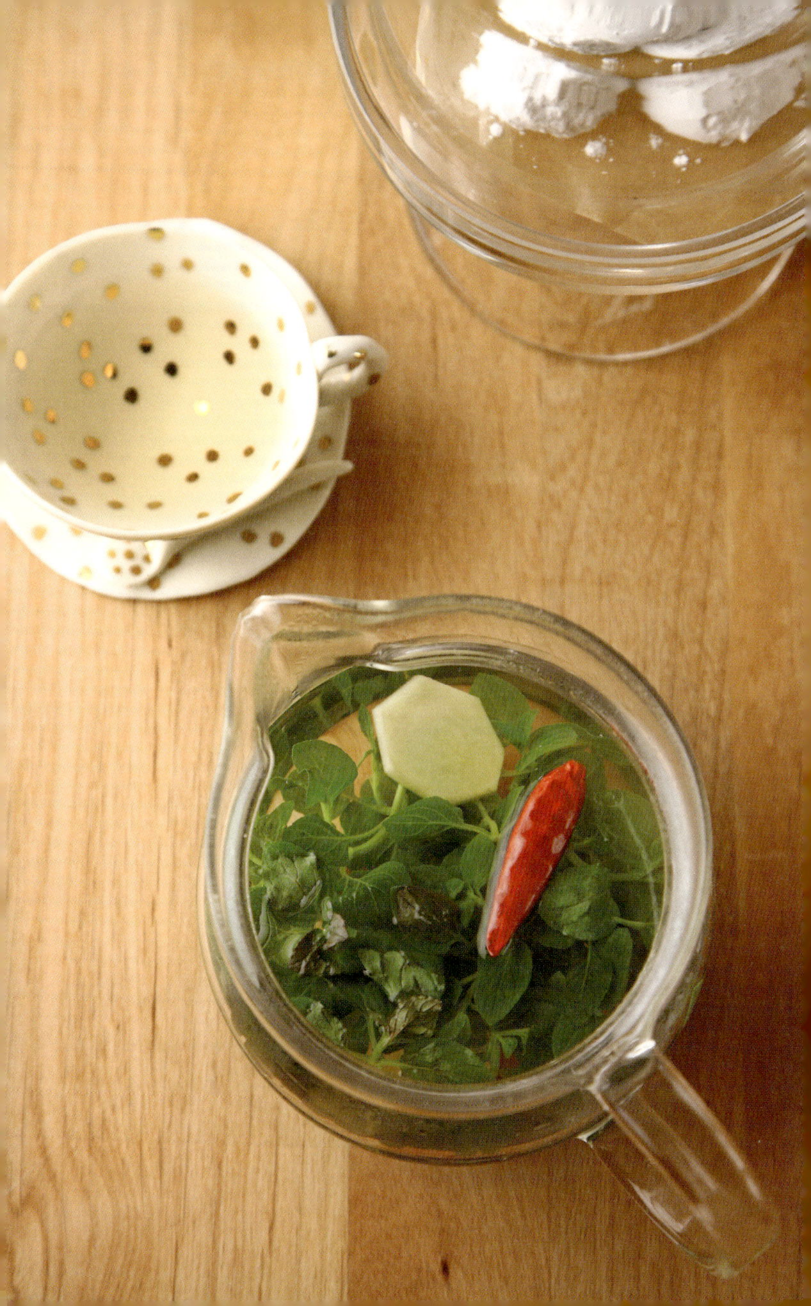

あとがき

息子の直樹のお陰で、私はずっと料理が好きでいられます。直樹を見ているとつくづく、身体は食べ物で作られていると実感します。

怒りっぽくなっている時に温かい物を食べさせると、なんとなく落ち着く様に見えます。

機嫌の悪い朝にちょっと甘い物を出した時、憂鬱な気持ちを打ち明けてくれたりもしました。

子どもを育てる事と、仕事をする事が、私のしなくてはならない大切な事です。

一所懸命にやっているつもりですが、自信はありません。

でも丁寧に料理を作ってそれが美味しかったり、自分で

2人で行った、フィンランド旅行のアルバム。

幼稚園のときに
使っていたお弁当箱。

取った出汁が冷蔵庫に入っているのを見た時に、

私、ちゃんと頑張ってるじゃん！

と思う事ができます。

直樹は糠漬けが大好きで、キュウリを取り出したり、かきまぜたりしてくれます。

反抗期やら思春期やらありましたが、糠漬けをかきまぜる17歳に育ってくれました。

ありがたいです。

その私の料理を本にして下さったスタッフの皆様、本を手に取って下さった皆様に、心から感謝します。

そして、直樹に感謝します。

生まれてきてくれてありがとう！

これからも丁寧にご飯を作りまーす‼

松居直美

息子の直樹くんと

松居 直美

茨城県出身。1982年に歌手デビュー、フジテレビ系『欽ドン！良い子悪い子普通の子』に出演して人気を博す。以後テレビ、舞台、ラジオなどで幅広く活動。ジュニア・アスリートフードマイスター取得。フジテレビ系『はやく起きた朝は…』で料理コーナーを持ち、手軽でおいしいアイデア料理がお茶の間で好評をえている。

デザイン	津嶋佐代子（津嶋デザイン事務所）
撮影	鈴木康之
スタイリング	松居直美
制作協力	株式会社ゴールデンミュージックプロモーション
撮影協力	SHOKO（料理教室いただきます）
料理校閲	大橋史子（ペンギン企画室）
校正	小林純子
編集	仁藤輝夫／藤村薫

可愛い料理

2014年4月25日　初版第1刷発行
2014年5月15日　初版第3刷発行

著者	松居直美
発行者	原 雅久
発行所	株式会社朝日出版社
	〒101-0065　東京都千代田区西神田3-3-5
	電話03-3263-3321（代表）
	http://www.asahipress.com

印刷・製本　凸版印刷
ISBN978-4-255-00772-4
ⓒ Naomi Matsui,2014
Printed in Japan

乱丁、落丁はお取り替えいたします。
無断で複写複製することは著作権の侵害になります。
定価はカバーに表示してあります。